Copyright

Bart & Jones Publishers - Sarl au capital de 8 000 €

795 069 293 RCS Toulouse - SIRET n°: 795 069 293 00012

Siège : 'Le Ramier' 406 Chemin de Terre Blanque, 31340 Mirepoix Sur Tarn, France

Email: info@bartandjones.com

Sommaire

Introduction

Indépendamment de son résultat, la campagne présidentielle de 2017 aura eu à la fois le suprême défaut et la terrible vertu de souligner à quel point les institutions de la Vème République sont à bout de souffle. Est-ce une spécificité française, puisque cette République est déjà la Cinquième, précisément, ou est-ce au contraire le propre de tous les systèmes institutionnels d'avoir une durée de vie limitée, parfois –souvent- inférieure à celle d'une vie humaine ? Cette question de l'usure naturelle des institutions ou, au contraire, d'un défaut structurel fragilisant l'ensemble est celle, pourtant centrale, que commentateurs politiques, artistes, militants et élus locaux ou nationaux de droite comme de gauche, pourtant nombreux à en dénoncer les dérives, ne posent jamais à haute voix.

Pourtant, des institutions qui périclitent n'ont rien d'un fait anodin : la situation politique, économique et sociale de notre pays au cours des dernières années prouve de manière certaine, s'il en était besoin, que le divorce entre la Nation et les principes fondateurs qui devraient la rassembler ont des conséquences lourdes, tant du point de vue du patriotisme, y compris économique, que de la capacité à vivre dans la concorde, la fierté de notre Histoire commune, les valeurs partagées et la solidarité nationale librement consentie et appréciée. La crise de nos institutions, comme c'est d'ailleurs le cas de toute instabilité institutionnelle, aggrave les maux de notre société, et diminue notre capacité collective à y apporter des solutions. Le référendum sur le Brexit et les incertitudes européennes qui y ont fait suite ayant souligné le fait que nous ne sommes en rien en passe d'entrer dans une logique post-nationale, même les plus réfractaires à la logique de l'Etat-Nation, espace politique et espace d'identité, doivent admettre qu'il demeure l'échelon de référence, sans doute pour longtemps, et qu'il est par conséquent absolument fondamentale de lui rendre sa capacité à se gouverner dans son intérêt propre et à engager des choix collectifs ambitieux et raisonnés pour l'avenir. C'est le projet de ce livre : proposer quelques pistes pour engager une réflexion sur la façon dont la France devrait se réformer pour se retrouver et redevenir digne d'elle-même. Nous ne prétendons pas posséder toutes les réponses, mais nous voulons partager le plus largement possible la certitude qui est la nôtre que nous ne pouvons plus longtemps faire l'économie de nous poser les bonnes questions, celles qui vont nous définir pour les décennies, voire les siècles à venir, en tant que pays, en tant que peuple et en tant que Nation.

Il nous faut tout d'abord constater que l'instabilité institutionnelle et la remise en cause permanente de l'organisation fondamentale d'un pays ne sont pas une fatalité : les Etats-Unis, par exemple, ne possèdent-ils pas la même Constitution depuis 1787, et celle-ci n'a-t-elle pas résisté aux aléas de l'Histoire, de l'économie, de la sociologie et de la démographie en ne connaissant que quelques rares ajouts, sous forme d'amendements -27 seulement en près de deux siècles et demi-, et aucun blocage durable impliquant une remise à plat de la loi fondamentale ? On ne peut que s'interroger sur les raisons et les conditions de cette stabilité, puisque notre propre Constitution, celle de la Vème République qui constitue aujourd'hui, en France, la loi fondamentale, promulguée voici moins de soixante ans –le 4 octobre 1958-, a déjà connu pas moins de 24 révisions –la plus récente datant de 2008-, et montre malgré cela tous les signes de profonds dysfonctionnements aux répercussions graves pour l'ensemble de la société et pour chacun de nos concitoyens.

Alors comment en sommes-nous arrivés là ? Peut-être « l'origine du mal » se trouve-t-elle dans la genèse même de notre Vème République, qui a clairement été d'abord et avant tout une réponse à la nécessité de mettre un terme à l'instabilité gouvernementale et au risque de coup d'état militaire qui marquaient la vie politique en cette période de Guerre d'Algérie. Influencée par ce prisme, la Constitution de 1958 a imposé le retour d'un exécutif fort, au risque de rendre fragile l'équilibre des pouvoirs, et de négliger d'y définir et d'y inclure expressément les rôles et les limites des contre-pouvoirs. Or, il semble que cet équilibre entre les pouvoirs législatifs, exécutifs et judiciaires, d'une part, et la définition claire de la place et des modalités d'exercices des contre-pouvoirs, d'autre part, soient les deux éléments fondamentaux permettant la stabilité des institutions et de l'image que la Nation a d'elle-même : c'est le cas aux Etats-Unis, qui disposent de la plus ancienne constitution encore appliquée au monde ; c'est aussi le cas au Royaume-Uni, par exemple, qui, bien que n'ayant pas de Constitution formelle, bénéficie d'un des régimes politiques les plus stables au monde, grâce à des textes fondateurs qui, bien que rédigés au fil du temps plutôt que rassemblés en un seul document, assurent efficacement les équilibres entre les différents pouvoirs et contre-pouvoirs depuis près de quatre siècles, puisque le plus ancien de ces textes, la "Petition of rights", qui limite les pouvoirs du Roi au profit du Parlement, date de 1628. Pourquoi et comment notre modèle institutionnel, pensé en réponse à une situation conjoncturelle et à la nécessité de juguler une crise de régime, a-t-il donc additionné les conditions de son futur naufrage, dont nous serons les spectateurs malheureux si nous n'assumons pas la nécessité d'en être les réformateurs audacieux ? La réponse est dans l'Histoire –la grande et la petite-, comme souvent...

Car, bien entendu, ce n'est pas l'exégèse constitutionnaliste des travaux de Michel Debré qui est en cause, mais bel et bien les circonstances de l'avènement de la Vème République et les sentiments très humains qui y ont présidé. Il convient de rappeler, au risque d'heurter quelques sensibilités gaullistes parmi nos lecteurs, que Charles de Gaulle était très amer de l'ingratitude des Français –si semblable à celle des Britanniques envers Winston Churchill- de ne pas l'avoir choisi pour Père de la Nation à l'issue de la Seconde Guerre Mondiale, sans doute parce que, d'un côté de la Manche comme de l'autre, prévalait la volonté de tourner la page des années tragiques de ce sanglant conflit, d'où le rejet personnel de ceux qui les avaient marquées, fût-ce en en étant les héros. Il vit donc dans la Guerre d'Algérie une opportunité d'être une seconde fois l'homme providentiel, et de revenir aux Affaires en sauveur. Si on ne peut douter de son amour de la France et de sa volonté d'agir dans l'intérêt de son pays, il n'en demeure pas moins qu'on peut considérer qu'il a commis une forme de hold-up démocratique en forçant, pour parvenir à ses fins, la main du gouvernement de René Coty, dont l'Histoire retiendra sans doute fort peu de choses, si ce n'est, peut-être, le rôle que joua sa prostate dans son élection à la Présidence de la République en 1954, alors qu'il ne s'était même pas porté candidat. En effet, alors que ceux qui aspiraient à cette haute fonction n'arrivaient pas à être départagés après onze tours de scrutin, il se trouvait hospitalisé pour une opération de la prostate, et chacun ignorait son point de vue sur le sujet pro ou anti armée européenne qui divisait alors le Congrès et compromettait l'aboutissement du vote ; son nom finit donc par apparaître à beaucoup comme un compromis salutaire qui débloquait la situation puisque, sans satisfaire pleinement qui que ce soit, son élection ne contrariait personne. En effet, était alors âprement discuté un projet de création d'une Communauté de Défense Européenne, qui suscita de nombreux débats, aussi l'ignorance du point de vue de René Coty, renforcée par son absence pour raison médicale, permit-elle un improbable consensus sur son nom.

A son retour, en 1958, Charles de Gaulle ne se trouva donc pas confronté à un homme renforcé dans sa fonction présidentielle par un vote d'adhésion fort des parlementaires, mais par un homme élu quatre ans plus tôt presque par hasard, ce qui facilita grandement ce que certains qualifient de putsch ou de coup d'état et qui est, à tout le moins, un audacieux coup de poker institutionnel. Quand on évoque la genèse de la Vème République, il ne faut donc pas oublier que l'arrivée du Général de Gaulle au pouvoir, tout auréolé qu'il fût de son image de vainqueur de la Seconde Guerre Mondiale, ne fut en rien un vaste mouvement d'adhésion populaire, ni l'expression de la volonté du peuple français auquel il promit pourtant de résoudre le problème de la Guerre d'Algérie, qu'il évitait d'ailleurs généralement de qualifier de guerre pour parler des « événements d'Algérie ». « La perversion de la Cité commence par la fraude des mots », disait Platon... et la Vème République, a donc débuté sur un refus d'appeler par leur nom à la fois une guerre et un coup d'état de fait... Lorsque son ami Michel Debré –dont les enfants ont, depuis, été omniprésents dans la vie politique française- a élaboré la nouvelle Constitution, le vers de l'imprécision sémantique et de l'équilibre conjoncturel des pouvoirs était donc déjà dans le fruit.

Dans sa mouture initiale, celle promulguée le 4 octobre 1958, il n'est pas envisagé que le Président de la République Française soit élu au suffrage universel direct, considéré comme une source majeure de démagogie et de surenchère dans les promesses de campagne, quitte à n'en pouvoir appliquer aucune une fois en fonction, suscitant inévitablement frustration et mécontentement. La méfiance du Général de Gaulle pour le suffrage universel direct – d'ailleurs partagée par son principal opposant de 1965, François Mitterrand- s'est d'ailleurs avérée pleinement justifiée, puisque lui-même, malgré des institutions taillées « sur mesure » pour l'homme providentiel qu'il était aux yeux de nombreux Français, a vu sa popularité s'éroder au fil de l'exercice du pouvoir auprès de son électorat même. Le fait que le Général de Gaulle, et par extension le gaullisme, demeure la référence incontournable de la vie politique française à droite, au centre, et parfois même à gauche, tient donc moins à une réussite politique sans nuage –

malgré le contexte économique particulièrement favorable des Trente Glorieuses- qu'à des institutions pensées à la mesure d'une personnalité qui, déjà de son vivant, avait le statut de référence historique et de sauveur de la Nation –Aurait-il donc reçu plus de reconnaissance d'avoir sauvé la France de l'instabilité institutionnelle de la Quatrième République que de sa contribution à la fin de la Seconde Guerre mondiale ? Voire... -.

Nous avons pu constater depuis que les hommes -ou les femmes- providentiel(les) sont plutôt rares, et qu'il ne s'en trouve pas à chaque échéance électorale pour prendre en main les destinées de la Nation. Quand nulle personnalité à la hauteur de l'enjeu et des institutions ne s'impose dans le débat pour lui conserver dignité et mesure, la campagne présidentielle préalable à une élection au suffrage universelle direct tend finalement à se dérouler sur le mode de « demain, on rase gratis », même si ce n'est qu'un vœu pieux ou l'une de ces promesses qui n'engagent que ceux qui les écoutent. C'est pourquoi ce livre fera la part belle aux évolutions à envisager pour nos institutions et aux modes de scrutin qui pourraient s'avérer pertinents pour désigner ceux qui aspirent à l'honneur de représenter notre pays et de déterminer les grandes inflexions qui en construiront l'avenir.

Si, dans le contexte originel de la Vème République, avec une élection présidentielle au suffrage indirect, s'était imposée l'idée de primaires partisanes, comme celles qu'ont connues voici quelques mois le Parti Socialiste et EELV, d'une part, les Républicains et les centristes, d'autre part, cela aurait probablement pu faire sens, avec pour justification de contrebalancer un déficit démocratique (encore que... n'est-ce pas précisément ainsi qu'est élu le maire de Paris, par exemple ?). S'inspirer de ce qui fonctionne depuis plus de deux siècles, en la matière, aux Etats-Unis, aurait alors pu s'avérer pertinent, puisqu'il aurait été question de l'appliquer à un système électoral globalement très comparable. Mais ce n'est pas en 1958 que les grands partis politiques français se sont lancés dans cet exercice périlleux, mais récemment, une fois bien implantée dans nos pratiques institutionnelles l'idée d'une élection présidentielle au suffrage universel direct à deux tours, d'où un effet des primaires indéniablement différent de celui qui était attendu, et manifestement délétère.

L'erreur fondamentale, c'est de considérer que puisque nous sommes deux grandes démocraties attachées aux valeurs de liberté et de responsabilité des citoyens, ce qui fonctionne dans l'une va nécessairement fonctionner dans l'autre, en ignorant, volontairement ou par manque de culture historique et juridique, que nos institutions sont profondément différentes et fondées sur des présupposés différents. Ce fut l'erreur du Parti Socialiste en transposant dans leur parti le dispositif de la primaire ; ce fut ensuite l'erreur des Républicains qui se sentirent obligés de faire de même pour ne pas être accusés d'être passéistes et d'appliquer moins de démocratie interne que leurs opposants, alors qu'il était évident, et qu'il a depuis été vérifié, que le dispositif s'avérerait seulement porteur de plus de gabegie interne et externe et d'une peoplisation excessive ou détriment du leadership qui imposait auparavant un « candidat naturel », généralement fort bien accepté et peu contesté. Chez les Républicains, cela a abouti, de plus, à faire émerger une logique de courants antagonistes, alors que le débat interne, auparavant, n'avait jamais nuit à l'indispensable unité de l'ensemble ; c'est pour cela que les effets négatifs de la primaire s'y sont fait ressentir plus rapidement et avec plus d'acuité qu'au Parti Socialiste, où le débat interne n'avait jamais été exempt de motions et synthèses de tendances parfois fort peu compatibles... La gauche de Manuel Valls et celle de Benoît Hamon sont peut-être qualifiées « d'irréconciliables », mais cela n'a vraiment rien d'une nouveauté, et il n'est pas dans l'ADN de la gauche française d'être unie, apaisée et plus forte de sa cohérence interne que de ses dissensions, ainsi qu'elle n'a cessé de le démontrer depuis le Congrès de Tours de décembre 1920.

Le point de divergence fondamental entre les Constitutions américaine et française tient en premier lieu au mode de scrutin : si notre pays applique, pour les élections présidentielles, le scrutin au suffrage universel direct à deux tours, les Etats-Unis privilégient un scrutin indirect, où le vote final revient à de Grands Electeurs, eux-mêmes désignés par les citoyens lors des caucus -cela se rapproche un peu de nos élections sénatoriales, sauf que dans le système américain, les Grands Electeurs ne sont pas nécessairement des élus locaux, mais sont élus à la seul fin de représenter les électeurs de leur Etat lors du scrutin présidentiel ; il y a donc une indéniable dimension de mandat impératif -souvent respecté-, rigoureusement contraire aux institutions françaises de la Vème République. Dans le système américain, la primaire est donc la seule occasion, pour les électeurs, d'agir sur le choix du candidat du parti dans lequel ils se reconnaissent, puisqu'ils ne seront pas les votants finaux de l'élection présidentielle. La primaire, dans le système électoral français au suffrage universel direct à deux tours, revient essentiellement à appeler les électeurs quatre fois aux urnes pour soutenir un même candidat pour une même élection, voire à devoir se reporter successivement sur quatre candidats différents, défendant, quand ils en ont un, des programmes différents, s'ils ont le malheur de voir à chaque vote leur champion éliminé... Si nous manquons de recul pour mesurer les effets sur la participation électorale, nul doute que cela contribue à désacraliser l'exercice électoral en le multipliant et en le banalisant. Quand la primaire, interne à un parti, vient ainsi précéder l'élection présidentielle en aspirant à s'y substituer en tant qu'espace du choix de celui qui incarnera la France, elle lui retire sa qualité de moment de rencontre d'un homme avec la Nation et avec son destin pour n'en faire plus qu'un vecteur de confrontation des egos.

L'autre point qui fait que la pratique « made in USA » de la primaire s'acclimate mal dans notre modèle fort différent de démocratie tient à la définition, de part et d'autre de l'Atlantique, de ce qui constitue l'intérêt général : alors que la déontologie de base, en France, veut qu'il ne se résume pas à la somme des intérêts particuliers et ne la recoupe pas, les institutions américaines, et toute la philosophie constitutionnelle originelle du pays s'appuient au contraire sur l'idée que chaque intérêt particulier a vocation à être valorisé et défendu, et que de la somme et de la confrontation de l'ensemble de ceux-ci, émergera le meilleur pour le pays et pour chacun de ses habitants. Cette différence de logique explique que l'exercice de la primaire, qui favorise l'émergence d'un ego plutôt que l'unité et la cohérence idéologique du parti politique concerné, s'inscrit fort bien dans la vie politique et électorale aux Etats-Unis, mais compromet, en France, la capacité d'unité indispensable à la défense de l'intérêt général. Peu importe, au fond, Outre-Atlantique, que le candidat d'un parti ait une légitimité interne forte et une indéniable capacité à fédérer derrière ses idées, tant qu'il est sorti vainqueur de la primaire : le lobbying est une partie intégrante de la vie politique, et les sensibilités et intérêts divergents pourront être débattus et défendus à chaque moment de la mandature.

En France, au contraire, le candidat élu lors de l'élection présidentielle sera institutionnellement le défenseur de l'intérêt général, vu comme une entité unique différente de la somme des intérêts particulier, et dont il aura nécessairement tendance à penser qu'il se résume à son programme. Aucun mécanisme n'est vraiment prévu pour nuancer ce principe dans notre pays, et ce d'autant que le lobbying y a fort mauvaise presse -toujours en raison de cette méfiance française fondamentale pour tout ce que l'on peut qualifier d'intérêts particuliers. Donc, si un candidat est élu Président de la République à l'issue d'une primaire qui a fait émerger des lignes politiques divergentes, et à plus forte raison si ses électeurs de la primaire étaient majoritairement extérieurs à sa famille politique, il n'est pas exclu que les parlementaires sensés le soutenir, et virtuellement dépourvus de tout moyen de faire valoir leur sensibilité particulière, se sentent profondément floués, et ne rendent ainsi leur soutien très conditionnel, et leur majorité fragile, chaque vote devant faire l'objet d'une concertation préalable en forme de négociations sans fin. Un tel risque existait nettement moins quand prévalait la logique d'un « candidat naturel », qui faisait généralement émerger des appareils des partis le postulant capable de porter la plus forte vision et de fédérer autour d'elle.

Mais revenons au Général De Gaulle, récemment installé dans ses fonctions de premier Chef de l'Etat de la Vème République à la suite du processus de suffrage indirect que nous avons mentionné comme un élément intrinsèque de la Constitution de 1958 telle qu'elle fut originellement pensée. Rapidement, une fois installé à l'Elysée, il prit conscience que sa prise de pouvoir ne pouvait se passer, du fait de sa dimension de quasi coup d'état, de la légitimation politique du suffrage universel direct, sous peine que l'ensemble de son action soit marquée du sceau du déficit démocratique. L'onction populaire du suffrage universel, dotée en l'espèce d'autant d'importance symbolique que l'onction des Rois de France à Reims sous l'Ancien Régime –moins le pouvoir de guérir les écrouelles, toutefois...-, lui eût sans aucun doute semblée beaucoup moins indispensable si son accession au pouvoir et la nouvelle République qui en fut le fruit avaient pris place dans le cadre d'une réforme institutionnelle classique plutôt que dans une logique quasi putschiste. En ce sens, la réforme constitutionnelle de 1962, qui introduisit l'élection du Président de la République au suffrage universel direct est une réponse au risque image pour un homme qui refusait le risque d'entrer dans l'Histoire comme faiblement concerné par les principes démocratiques, alors que son action décisive lors de la Seconde Guerre Mondiale faisait précisément de lui un héraut et un héros des valeurs démocratiques. Il serait donc faux de penser que l'élection présidentielle au suffrage universel direct est inséparable de l'ADN de la France, ou même de celui de la Vème République : il est une réponse conjoncturelle aux circonstances chaotiques de la naissance de cette dernière.

Mais toute modification, surtout aussi majeure que celle-ci, ayant tendance à déséquilibrer la structure institutionnelle initiale, les réformes constitutionnelles se sont depuis enchaînées pour opérer des ajustements, jamais suffisants pour ré harmoniser l'ensemble, voire même de nature à accroître encore les déséquilibres. Parmi les vingt-quatre révisions de notre loi fondamentale qui ont eu lieu depuis, les plus déstabilisantes pour la vie institutionnelle française furent sans aucun doute le passage du septennat au quinquennat et le couplage des élections présidentielles et des élections législatives, désacralisant ainsi le rôle du Président de la République, qui cessa ainsi constitutionnellement de devoir être un homme au-dessus des partis pour devenir un élu parmi d'autres. Et il est affligeant de constater que ces modifications ultérieures ont, elles aussi, été mises en œuvre à des fins personnelles –en l'occurrence pour favoriser la réélection de Jacques Chirac qui, affaibli par la cohabitation avec Lionel Jospin et ressenti par l'opinion publique comme un président vieillissant, a perçu l'intérêt, en termes de communication, de proposer de finir deux ans plus jeune le second mandat présidentiel qu'il allait briguer et remporter en 2002, dans les conditions que l'on connaît.

De cet enchaînement de modifications constitutionnelles, qui ont moins trouvé leur source dans la volonté d'améliorer le fonctionnement de nos institutions que dans le fait du prince –en l'occurrence : le Président de la République en place lors de chacune d'entre elles-, l'ensemble du système allait pâtir, et l'ensemble de la Nation allait finalement se trouver affectée... C'est pourquoi nous avons voulu partager ces quelques réflexions sur les institutions dont la France pourrait et devrait se doter, les valeurs qu'elle doit retrouver et la flamme qu'elle doit rallumer si elle veut renouer demain avec la grandeur qui fut toujours au cœur de son Histoire et de sa destinée. Sans doute existe-t-il d'autres réponses, que celle que nous proposons ici –une Sixième République appuyant son système électoral sur un suffrage censitaire, moins porteur d'instabilité et de démagogie par exemple ? - mais ne rien faire et se garder de soulever la question n'en est pas une. Alors ouvrons le débat, et agissons.

Chapitre 1
L'hypothèse d'une monarchie parlementaire

Comme nous l'avons souligné en préambule de cet ouvrage, la France ne pourra pas faire l'économie d'une réforme majeure de ses institutions, la Cinquième République ayant visiblement montré ses imperfections et atteint ses limites, les aménagements qu'elle a subi ayant manifestement contribué à désagréger plus de choses qu'ils n'en ont réglé. Notre pays n'a donc d'autre choix que de repenser complètement ses institutions pour se donner les moyens de ressouder la communauté nationale et de renouer avec son destin, son influence et sa prospérité d'antan.

Ce constat étant posé, la France sera confrontée, peut-être à brève échéance, à de nombreux choix, et en premier lieu celui de rénover le modèle républicain ou de faire le choix d'une monarchie parlementaire. Au premier abord, cette seconde option peut sembler incongrue, tant les bribes qui subsistent dans les programmes scolaires de l'enseignement de notre Histoire se plaisent à présenter la Révolution de 1789, la mort de Louis XVI et l'avènement de la République comme les événements fondateurs de notre Nation. Mais la réalité historique et politique est plus complexe, et ne met en exergue aucune incompatibilité fondamentale entre la France et le principe monarchique. De nombreux pays européens comme l'Espagne, le Royaume-Uni, ou encore la Suède et la Norvège, illustrent chaque jour la fait que la monarchie, quand elle s'inscrit dans un contexte démocratique, peut être synonyme de modernité, tout en garantissant une meilleure cohésion nationale, et un sentiment d'appartenance plus affirmé, car mieux incarné et moins conjoncturel.

Il convient tout d'abord de souligner que l'Histoire de la France est très largement inséparable de celle des rois qui se sont succédés à sa tête, de l'avènement de Clovis en 481 jusqu'en 1792 - en passant par le partage de l'Empire carolingien en 843 et le couronnement d'Hugues Capet en 987-, puis de 1814 à 1848. Ajoutons à cela que toutes les périodes sans royauté ne furent pas placées sous le signe de la République : le Premier Empire (1804-1814) et le Second Empire (1851-1870) en portent témoignage.

Il ne s'agit évidemment pas, ici, de retracer dans les détails l'Histoire de la monarchie française : cela reviendrait à évoquer quinze siècles de l'Histoire de notre pays, et un chapitre d'ouvrage n'y suffirait en aucun cas, ni même un ouvrage entier, si l'on souhaitait respecter un niveau de détails satisfaisant, et ne pas trop user de raccourcis historiques. Nous rappellerons donc simplement quelques faits incontournables à garder en mémoire pour la suite de notre propos.

Au Ve siècle, Clovis unit les royaumes francs, et devient ainsi le premier des rois mérovingiens. Après lui, ces royaumes se désunissent et se réunissent au gré des héritages et des guerres, mais avec toujours l'idée qu'ils font partie d'une entité commune : le *Regnum Francorum*, réalité politique et territoriale mais peut-être aussi, déjà, signe de l'émergence d'une identité nationale, où ce qui rassemble est plus important que ce qui divise. Avec la dynastie carolingienne, la fédération monarchique se mue en monarchie féodale et s'étend fortement, jusqu'à devenir un grand Empire – trop grand pour en garantir durablement l'unité, sans doute parce qu'il dépasse cette zone où s'exprime et s'affirme une identité commune -, qui éclate en 843. Dès lors, à partir du Partage de Verdun, la Francie occidentale devient l'héritière du royaume des Francs, mais connaît une très forte décentralisation, qui limite ipso facto les pouvoirs du Roi à son propre domaine, de taille relativement restreinte par rapport à ceux de certains de ses vassaux, situé aux abords de Paris, les autres grands seigneurs n'étant liés à lui que par un serment de fidélité.

Les Capétiens, dont le premier à ceindre la couronne fut Hugues Capet, vont ensuite, tout au long du Moyen Âge, rattacher progressivement les grandes principautés à leur domaine personnel, et réduire l'importance de la féodalité. Par un jeu de vases communicants, les pouvoirs du monarque augmentent alors progressivement au détriment de la noblesse, Louis XIV, associé à l'absolutisme, marquant le point d'orgue de ce mouvement. Avec la Révolution, les pouvoirs du roi se trouvent encadrés, et la France devient une monarchie constitutionnelle. Aboli en septembre 1792, le Royaume de France est rétabli en 1814, brièvement interrompu par le retour au pouvoir de Napoléon Ier, et finalement remplacé par la République à la suite de la Révolution de 1848.

Une instabilité républicaine émaillée de tentations monarchiques

Au regard des faits et des siècles qu'illustre ce bref résumé, nul doute que la monarchie ait été un vecteur de stabilité pour notre pays. Elle a aussi été un vecteur de rayonnement et de prospérité, comme en atteste notre Histoire diplomatique et économique. On ne peut guère en dire autant de notre Histoire républicaine et constitutionnelle, dont la Vème République n'est ni l'épisode le plus chaotique, ni le moins durable.

En effet, la Première République, qui fait suite à l'abolition de la royauté, fut promulguée le 21 septembre 1792, et prit formellement fin douze en plus tard, en 1804, lorsque que Napoléon Ier devint Empereur des Français. Cette première et éphémère République fut pour le moins une expérience mitigée : elle fut une réaction à l'échec de la fuite de Varenne, qui conduisit à accuser Louis XVI de comploter avec l'étranger contre les Français, et donc à imposer un changement drastique de régime politique, avant même son exécution, le 21 janvier 1793. Mais, si les Français étaient massivement contre l'existence d'Ordrcs privilégiés, et rejetaient la noblesse de Cour, ils restaient attachés au Roi, et la royauté, seul régime politique qu'ait connu le pays depuis la Chute de l'Empire Romain. De nombreux écrit de l'époque attestent d'une interrogation persistante dans la population, et notamment la population paysanne de l'époque : sommes-nous encore un pays si nous n'avons plus de roi ? La réponse des révolutionnaires, consistant à affirmer que la Nation fait le pays et légitime l'Etat, semblaient alors fort peu convaincante sans une figure tutélaire pour l'incarner. Le coup d'état napoléonien de 1804 fut, en ce sens, relativement facilement accepté, puisqu'il rétablissait, fût-ce sous le nom d'Empire, une sorte de normalité monarchique.

En notre XXIème siècle, et dans une Europe où républiques et monarchies parlementaires coexistent sans difficulté particulière et sur un pied d'égalité, ce sentiment populaire liant l'existence du pays à celle du roi peut sembler surprenant, voire même incompréhensible. Pourtant, si l'on prend la peine de considérer en détail le contexte politique et psychologique de l'époque, il est des plus naturels, et ce pour trois raisons. La première, c'est que la république, si elle est connue comme un fait historique, lié notamment à l'Histoire romaine, est quasi inexistante à travers le monde en cette fin de XVIIIème siècle, outre l'exemple de la Constitution des Etats-Unis, promulguée depuis peu –en 1787-, et dont il est alors impossible de savoir si elle sera un succès institutionnel durable, ou simplement anecdotique, vite terminée et vite oubliée. La seconde, c'est que les rois capétiens, qui furent toujours soucieux de lutter contre la dimension féodale de la société, qui limitait leur influence, privilégièrent pour compenser le lien paternel avec leurs sujets : dans l'imaginaire populaire, ils furent de tous temps des rois thaumaturges qui guérissent les écrouelles, et des rois protecteurs de leurs peuples que de mauvais ministres accablent d'impôts et d'arbitraire.

Même lors de la rédaction des cahiers de doléances qui préfigurèrent la réunion des Etats Généraux de 1789 –qui furent une grave erreur politique : quand on demande au peuple d'exprimer ce qui ne va pas, il prend conscience de l'étendue de ses malheurs, perçus jusque-là isolément, et donc mieux tolérés-, les adresses au Roi étaient fort respectueuse. Tout au plus lui reprochait-on de se laisser aveugler par un entourage malveillant, et de ne pas exercer pleinement, de ce fait, la protection paternelle que les Français, respectueux et aimants, attendaient de lui – la position de la bourgeoisie était quelque peu différente, mais quelque peu intéressée ; c'est pourquoi cette révolution fut par essence bourgeoise, et non pas populaire. La troisième raison, qui est sans doute la plus fondamentale et la plus incontournable, est qu'une Nation, justification d'un Etat, contrairement à un Pays – défini par son territoire-, n'a pas de réalité concrète et physique : elle se construit autour d'un mythe partagé et de valeurs communes. Or, le mythe fondateur de la France, incarné par ses symboles, est étroitement lié à la royauté, du baptême de Clovis à Louis XVI le roi serrurier en passant par le couronnement d'Hugues Capet et Saint Louis rendant la Justice sous son chêne. Etre Français, à l'orée de l'année 1789, c'est se reconnaître dans cet imaginaire collectif, et dans le destin commun qui en découle. Perdre l'incarnation de ce mythe fondateur, jusque-là toujours perpétué par la succession royale, c'est se retrouver orphelin, et coupé du lien direct avec son Histoire. La phrase que Louis XIV n'a jamais prononcée *« L'Etat, c'est moi »*, n'aurait sans doute pas été un grand traumatisme pour ses contemporains, voire aurait été frappée au coin du bon sens... Comment s'étonner, dans ces conditions, du caractère éphémère de la fort peu populaire Première République ?

Si la Première République ne dura que douze ans, il faut bien reconnaître que la deuxième fut encore moins pérenne puisque, promulguée en février 1848, elle prit fin dès décembre 1852, son président Louis Napoléon Bonaparte, ayant effectué un coup d'état institutionnel dès le 2 décembre 1851, avant de rétablir l'Empire l'année suivante. Que dire de ce court intermède ? Le fait générateur de la Deuxième République est la campagne des banquets, menée de front par l'opposition républicaine, radicale et orléaniste, dont la revendication majeure était l'extension du suffrage censitaire, et non l'avènement d'un régime républicain. Considérée comme une république sociale avec la mise en place d'un gouvernement provisoire fortement marqué par les républicains, elle fait passé de nombreuses réformes dans ses premiers mois, comme le suffrage universel masculin (2 mars 1848) ou encore l'abolition de l'esclavage, impulsée par Victor Schœlcher (27 février 1848). Après les événements de juin 1848, la Deuxième République rentre dans une période d'ordre marquée par la montée des conservateurs avec, comme meneurs, Louis Napoléon Bonaparte. Celui-ci, devient Président de la République Française le 10 décembre 1848, première marche qui lui permettra une restauration impériale dès 1852. Trop éphémère pour être regrettée et n'ayant pas fait l'objet d'un consensus préalable, cette République fut au final à peine plus qu'une parenthèse pour permettre le retour de l'Empire et d'un mode de gouvernement basé sur l'incarnation de l'Etat par un chef sensé en symboliser la continuité, au final plus naturel et légitime aux yeux des Français de l'époque.

La Troisième République (1870-1940) connut une durée de vie fort respectable comparée à ses devancières. Pourtant, comme nous allons le voir, elle ne fut pas exactement une incarnation de la stabilité. Sans compter que –et ceci est fondamental compte tenu du sujet que nous traitons dans ce chapitre- sa première décennie fut marquée par de réelles hésitations entre république et monarchie parlementaire, ce qui montre bien que, près d'un siècle après la Révolution de 1789, l'idée monarchique restait vivace et fortement présente dans la psyché collective. C'est donc la défaite de Napoléon III à la bataille de Sedan, le 2 septembre 1870, qui tient lieu d'acte de naissance à la troisième République. À la suite de l'invasion du Palais Bourbon, siège du Corps législatif, par une foule d'émeutiers, la République est proclamée le 4 septembre par Léon Gambetta, depuis l'Hôtel de Ville de Paris, quoiqu'elle l'ait d'abord été dans quelques villes de province, en particulier à Lyon. Un gouvernement de la Défense nationale est constitué, avec à sa tête le Général Trochu, gouverneur militaire de Paris, dont la nomination vise aussi à obtenir le ralliement de l'armée au nouveau gouvernement. Sont également membres de ce gouvernement Jules Favre (ministre des Affaires étrangères, et vice-président du Gouvernement), Jules Ferry (secrétaire du Gouvernement), Léon Gambetta (ministre de l'Intérieur), Ernest Picard (ministre des Finances), Jules Simon (ministre de l'Instruction Publique, des Cultes et des Beaux-Arts), Adolphe Le Flo (ministre de la Guerre), Martin Fourichon (ministre de la Marine et des Colonies), et Adolphe Crémieux (garde des Sceaux) – nous évoquerons d'ailleurs les décrets Crémieux au chapitre suivant-, presque tous députés républicains de Paris.

L'armée de Bazaine résiste toujours dans Metz assiégée, et Paris est également assiégée à partir du 18 septembre. Le 7 octobre, Léon Gambetta quitte Paris en ballon pour tenter de réorganiser la défense du pays à partir de la province. La capitulation précipitée de Bazaine et de l'armée de Metz (150 000 hommes) le 30 octobre porte un grave coup à la France, et cela d'autant plus qu'elle intervient au moment où la délégation gouvernementale de Tours est parvenue à organiser une Armée de la Loire. Les Prussiens peuvent alors concentrer leurs forces sur cette nouvelle armée, peu entrainée et mal équipée, ce qui oblige la délégation gouvernementale à se replier à Bordeaux. Le 18 janvier 1871, l'Unité allemande est réalisée, et les souverains allemands réunis au château de Versailles, proclament le roi Guillaume de Prusse Empereur d'Allemagne. À partir du 23 janvier, Paris souffrant des bombardements et menacés de famine, Jules Favre, ministre des Affaires étrangères, resté dans la capitale avec la majorité du gouvernement, engage des négociations avec les Allemands. Un armistice est signé et prend effet le 28 janvier, après 132 jours de siège. Il a une durée de trois semaines, au cours desquelles des élections doivent avoir lieu, Bismarck exigeant de traiter avec un pouvoir à la légitimité incontestable. Léon Gambetta fait voter deux décrets : le premier, qui frappe de proscription politique tous ceux qui ont occupé une charge au sein de l'Empire ; le second qui, pour remplir le vide créé par ce premier décret, indique que les préfets nouvellement nommés pourront être éligibles dans leur département. Mais ces deux décrets, jugés trop drastiques, sont annulés, et Gambetta démissionne.

Le décret du 29 janvier 1871 fixe les conditions des élections, reprenant la tradition républicaine de la Deuxième République, inaugurée par la loi électorale du 15 mars 1849 : scrutin de liste, départemental et majoritaire, par opposition avec le scrutin uninominal à deux tours qui avait été la règle sous le Second Empire. Les élections ont lieu dans des conditions très spéciales, qui influent probablement sur leurs résultats : 40 départements sont occupés, 400 000 Français sont prisonniers, et aucune campagne n'a été préparée si ce n'est, dans une certaine mesure, dans la capitale. Par ailleurs, les votes se déroulent au chef-lieu du canton pour pousser les campagnes conservatrices à l'abstention : l'éloignement des bureaux de vote est utilisé comme une variable d'ajustement.

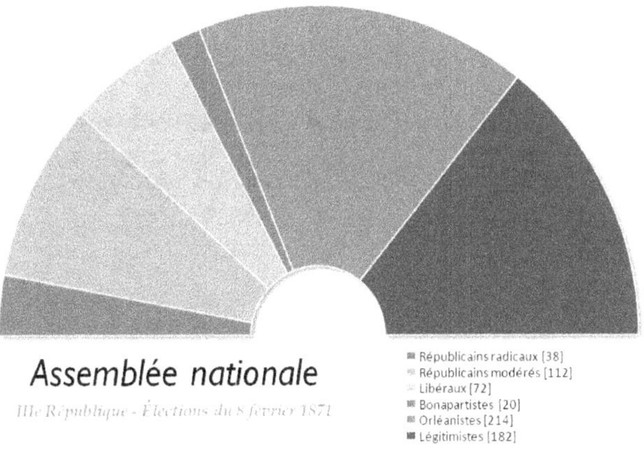

Paradoxalement, malgré la crise de régime majeure que connaît alors la France, ces élections ne portent pas sur le choix du régime, mais sur poursuite de la guerre ou de la paix. Les républicains sont divisés entre ceux, comme Léon Gambetta et les radicaux, qui veulent poursuivre la guerre contre l'ennemi, et les modérés résignés à la paix, même dans des conditions peu favorables. Les conservateurs, regroupant divers courants allant de la bourgeoisie libérale aux monarchistes, sont quant à eux unis en faveur de la paix. Le 8 février 1871, l'Assemblée nouvellement élue est très majoritairement monarchiste et compte, sur 675 élus, environ 400 monarchistes, dont 182 légitimistes et 214 orléanistes –nous reviendrons plus loin dans ce chapitre sur cette distinction, qui s'avérerait une question fondamentale à trancher si la France devait faire le choix d'une monarchie parlementaire-, et 250 républicains, avec une minorité de socialiste et quelques bonapartistes.

Les départements de l'Est, envahis, se sont logiquement largement prononcés pour les républicains et la guerre, tout comme le Sud de la France et Paris. Les autres Français, lassés de la guerre, ont préféré voter en faveur des tenants de la paix, sans que leur vote signifie nécessairement une adhésion à la cause monarchiste. Ainsi, André Encrevé –historien et professeur d'Histoire contemporaine, né en 1942- écrit que *« la majorité monarchiste va, d'une certaine façon, commettre la même erreur que Louis-Napoléon en 1851, c'est-à-dire confondre une circonstance exceptionnelle avec une tendance profonde de l'opinion publique. Ces députés ont été élus parce qu'ils proposaient de signer la paix ; mais leur option majoritaire pour la monarchie n'est pas à l'unisson des préférences des Français »*. Là aussi, il s'agit d'une opinion difficile à corroborer ou à infirmer : quels moyens avons-nous de savoir si, hors contexte d'invasion et de guerre, les citoyens français de l'époque se seraient prononcés en faveur de la monarchie ou de la république si on les avait consultés ? Nous pouvons juste souligner qu'écarter autant que possible le vote conservateur des campagnes n'a pas suffi à endiguer la vague monarchiste et que le résultat, dans le cas de figure hypothétique qui nous occupe, aurait à tout le moins été serré. Le sentiment monarchique, même s'il se trouvait renforcé par l'aspiration à la paix, était donc encore vivace en France, voire majoritaire, alors qu'on installait la Troisième République.

Le 16 février 1871, Jules Grévy est élu président de l'Assemblée Nationale. C'est un républicain modéré *« en faveur auprès des monarchistes pour s'être constamment tenu en dehors de la Révolution depuis le jour où elle s'est faite »* , hostile à la guerre et engagé pour la défense de l'ordre. Le 17 février 1871, Adolphe Thiers, ancien ministre de l'Intérieur de Louis-Philippe, est nommé Chef du Pouvoir Exécutif de la République Française, presque à l'unanimité, et exerce *« ses fonctions sous l'autorité de l'Assemblée Nationale, avec le concours des ministres qu'il aura choisi et qu'il présidera »*. Le 19 février, Adolphe Thiers invite l'Assemblée à mettre entre parenthèses la question du régime pour se concentrer sur les urgences du moment : *« pacifier, réorganiser, relever le crédit, ranimer le travail »*. Il est par ailleurs prévu, par un pacte tacite conclu le 10 mars 1871 entre Thiers et l'Assemblée, dit Pacte de Bordeaux, que le Chef du Pouvoir Exécutif ne préparera pas de solution constitutionnelle à l'insu de celle-ci, mais pourvoira aux nécessités nationales et à la négociation avec l'Allemagne. Le pouvoir qu'il exerce est ainsi strictement limité à une gestion conjoncturelle, ne lui laissant guère de marge pour influencer, ou même relancer la question du choix de la république ou de la monarchie parlementaire, toujours irrésolue.

Adolphe Thiers rencontre le Chancelier allemand, Otto Von Bismarck, le 21 février 1871. Ce dernier lui signifie alors qu'il ne pourra pas proroger l'armistice au-delà du 24 février, et lui annonce les conditions exorbitantes auxquelles doit se soumettre la France pour qu'un traité de paix entre les deux pays soit possible… Il n'est jamais aisé de négocier en position de faiblesse, surtout quand celle-ci tient simultanément à une défaite militaire et Le Traité Préliminaire de Paix est signé à Versailles le 26 février. L'Allemagne obtient une indemnité de guerre de 6 milliards de francs, réduite à 5 milliards après négociation ; la cession de l'Alsace, de l'essentiel de la Moselle, d'une partie de la Meurthe et des Vosges ; et, symboliquement –mais les symboles ont une importance certaine en matière de géopolitique- un défilé des troupes allemandes sur les Champs-Élysées. Le 1er mars 1871, l'Assemblée Nationale ratifie ces conditions, lors d'une séance particulièrement difficile, à l'issue de laquelle 546 députés l'adoptent, contre 107 qui la rejettent –dont tous les députés de Paris : Louis Blanc, Henri Brisson, Georges Clemenceau, Victor Hugo, Édouard Lockroy, Henri Martin, Arthur Ranc, Henri Rochefort, etc…-, les députés de l'Alsace et de la Lorraine sacrifiées, qui démissionnent aussitôt, bientôt suivis de nombreux députés républicains. L'extrême gauche radicale, socialiste et internationaliste –déjà !- désavoue l'Assemblée Nationale, et lui dénie toute légitimité. Le traité définitif, rédigé en français selon les usages diplomatiques, est signé le 10 mai 1871 et connu sous le nom de Traité de Francfort.

Cette Troisième République, qui commence sur des bases bien incertaines et fragiles, sera paradoxalement consolidée et légitimée par le sanglant épisode de la Commune. La révolte éclate lorsqu'Adolphe Thiers tente de faire saisir les 227 canons de la Garde Nationale, financés par les Parisiens, le 18 mars 1871 : cette révolte catalyse le mécontentement de la population de la capitale quant aux orientations prises par l'Assemblée Nationale, majoritairement royaliste et pacifiste, alors qu'ils sont majoritairement républicains et partisans de la poursuite de la guerre plutôt que de cette paix, jugée infâmante, signée après qu'ils aient subi un siège de plus de quatre mois. L'installation de cette Assemblée à Versailles plutôt qu'à Paris, le 10 mars 1871, et le vote, le jour même, de la fin du moratoire sur les effets de commerce –qui accule à la faillite des milliers de commerçants et d'artisans-, ainsi que de la suppression de la solde des gardes nationaux et les nominations de trois bonapartistes, respectivement comme gouverneur, préfet de police, et chef de la Garde Nationale, sont loin d'aplanir les tension. Deux généraux sont sommairement exécutés, et le gouvernement quitte Paris précipitamment. Le Comité central de la Garde nationale, constitué lors de la fédération des bataillons de la Garde nationale en février 1871, resté maître de Paris, s'installe à l'Hôtel de Ville. Le 26 mars 1871, les insurgés font élire le Conseil Général de la Commune, composé de 90 élus, dont 20 modérés qui démissionnent rapidement. En effet, les élections ont été peu représentatives, la moitié des électeurs n'ayant pas voté. Le mouvement parisien se radicalise et devient rapidement une véritable révolution politique et sociale.

Durant ces évènements, le Gouvernement constitue en hâte une armée, que les Communards appellent Versaillaise, composée en partie de prisonniers de guerre libérés par les Allemands, qui soutiennent la répression de ce mouvement populaire. Le 21 mai, les Versaillais parviennent à entrer dans la capitale par la Porte de Saint-Cloud. Commence alors la Semaine sanglante du 21 au 28 mai 1871, marquée par des combats de rue sans pitié, barricade par barricade. Les Communards se livrent à des exécutions d'otages et à la destruction par le feu de plusieurs édifices publics, symbolisant à leurs yeux pouvoir central : le Palais des Tuileries, l'Hôtel de Ville et le Palais de Justice sont ainsi incendiés. Les hostilités s'achèvent par la défaite des insurgés au cimetière du Père-Lachaise. Si les combats ont fait moins de 900 morts du côté des Versaillais, les pertes des Communards sont nettement plus sévères – probablement entre 10 000 et 20 000 morts, sans qu'il soit réellement possible d'affiner l'évaluation et de savoir duquel de ces deux chiffres elle se rapproche le plus. Les tribunaux militaires prononcent 270 condamnations à mort – suivies de 26 exécutions effectives-, et 13 450 condamnations, dont 7 500 à la déportation en Nouvelle-Calédonie. Plusieurs milliers de Communards doivent ainsi s'exiler.

L'historien Jacques Bainville explique que la répression initiée par Adolphe Thiers a bénéficié très largement à asseoir la forme républicaine, encore incertaine, du Gouvernement. En effet, la République a montré qu'elle pouvait défendre l'ordre, y compris contre la violence révolutionnaire, dont elle avait cessé d'être le symbole. Paradoxalement, c'est donc une Assemblée à majorité monarchiste qui contribua ainsi à asseoir la Troisième République. Dans son Histoire de France, en 1924, le même Jacques Bainville explique que *« Ce fut la République qui signa la paix. Elle vint à bout de la Commune et rétablit l'ordre. Elle assuma toutes les responsabilités et elle en eut le bénéfice. Ce fut elle qui remplit le programme sur lequel la majorité de droite avait été élue. Alors les craintes que la République inspirait - révolution, guerre sans fin - s'évanouirent. Et ces causes réunies firent que le régime républicain, d'abord provisoire, devint définitif. »*

Née d'une défaite militaire et d'une révolution politique et sociale, le tout accompagnant des doutes profonds dans la population sur la forme du régime à adopter, la Troisième République s'est avéré, par une ironie du destin, le plus durable de nos régimes républicains, puisqu'elle ne prit fin qu'en 1940, presque comme elle avait commencé, dans un contexte de défaite militaire face à l'Allemagne. Si sa durée d'existence de sept décennies est la preuve d'une certaine stabilité des institutions –si l'on excepte la volonté de Mac Mahon, deuxième Président de la Troisième République, de préparer une restauration monarchique, qui aurait sans doute aboutie s'il n'avait pas forcé la note sur la dimension d'ordre moral, ce qui le conduisit à se trouver en minorité aux élections législatives suivantes-, elle ne se traduisit jamais par une forte stabilité gouvernementale, ce qu'illustre le fait qu'elle vit se succéder 109 Présidents du Conseil et leurs ministres en 70 ans !

La Quatrième République, pour sa part, ne se distingua pas par sa durée puisque, née en 1946, au lendemain de la Seconde Guerre Mondiale, elle prit fin en 1958, dans la tourmente de la Guerre d'Algérie et dans les conditions que nous avons déjà évoquées dans l'introduction de cet ouvrage. Lors de sa naissance, elle voit s'affronter deux projets institutionnels fort différents : le premier défendu, par les communistes et la SFIO, est celui d'une Assemblée unique ; le second, défendu par le Général De Gaulle, prévoit un régime bicaméral avec un président de la république au-dessus des partis politiques. Le projet des communistes et socialistes est rejeté par la Constituante. C'est finalement un projet à peu près similaire à celui de Charles De Gaulle qui est adopté, mais avec un président au rôle considérablement restreint. La Quatrième République doit reconstruire la France, ruinée par la Seconde Guerre Mondiale. Elle s'appuie sur le programme du Conseil National de la Résistance, très riche en mesures sociales. Dans un contexte de tripartisme SFIO/ PCF/MRP, la stabilité ministérielle est difficile à trouver, et avec le conflit algérien de plus en plus présent sur l'échiquier politique, la Quatrième République fait rapidement la preuve de son impuissance. Pierre Pflimlin démissionne. Le Général De Gaulle le remplace le 1er juin 1958, et la Quatrième République laisse bientôt la place à la Cinquième.

Or, notre Cinquième République traverse actuellement, de manière évidente, à la fois une crise politique, une crise institutionnelle et une crise de régime manifeste, d'autant plus marquées que les mesures cosmétiques des différentes réformes des institutions n'ont fait qu'accroître, au fil du temps, une instabilité originelle liée aux conditions mouvementées de sa naissance et aux personnalités qui y ont présidé. Election du Président de la République au suffrage universel direct à deux tours dans un système qui ne le prévoyait pas... Primaires partisanes, pratique importée et redondante avec le premier tour de l'élection précitée... Concomitance des calendriers présidentiel et législatif, qui retire au Président de la République son rôle symbolique d'homme au-dessus des partis pour en faire un élu comme un autre, retirant ainsi à la France le luxe d'avoir un représentant incarnant son unité plus que ses divisions, et ses valeurs éternelles plus que ses soubresauts conjoncturels...

Une monarchie parlementaire aurait-elle permis à notre pays plus de stabilité politique, plus d'unité de la communauté nationale et plus d'ambition pour un destin commun ? Il nous paraît en tous cas légitime de nous poser la question : la France souffre manifestement d'une grave crise d'identité qui l'affecte dans toutes ses dimensions institutionnelles et sociétales, et le meilleur remède est sans doute de voir cette identité commune incarnée dans la durée, pour que chacun puisse s'y reconnaître. Or, quels que soient les pouvoirs concentrés entre les mains d'un président sous la Cinquième République, et même s'ils sont assez importants pour que ceux qui se sont succédés dans cette haute fonction aient parfois été comparés à des « monarques républicains », ils ne représentent la France que pour un temps limités, et les dérives éthiques de la dernière campagne présidentielle ont même pu laisser craindre que certains n'aspirent qu'à représenter leur intérêt personnel... Il en irait tout autrement d'un roi, qui ne brigue aucun suffrage, continue d'incarner le pays sans que les soubresauts conjoncturels n'y changent rien, ne brigue aucun suffrage, et qui ne porte aucun promesse, si ce n'est celle, fondamentale, d'une continuité pour le pays et pour ses valeurs...

Réfléchir à la possibilité d'une monarchie parlementaire, c'est vouloir donner à la France une stabilité et une continuité, puisqu'un souverain est continué dans sa lignée et que l'incarnation du pays et de ses valeurs communes ne connaît ainsi nulle interruption. Ce fut l'idée de génie des premiers Capétiens : faire couronner leur fils aîné de leur vivant jusqu'à ce que le principe d'une succession héréditaire soit devenu fondamental et non remis en cause, certes pour s'assurer le pouvoir, mais aussi pour s'assurer qu'il n'y aurait jamais de vacance du trône. Réfléchir à la possibilité d'une monarchie parlementaire, c'est donc décider de se donner les moyens d'inscrire les projets et les ambitions françaises dans la durée, et non pas à l'échéance du prochain mandat d'un Président de la République qui peut fort bien partager les craintes et les limites, dans son appréciation du bien commun, des consuls romains que Pierre Corneille décrit, dans l'Acte II de Cinna comme

> *« Ces petits souverains qu'il fait pour une année,*
> *Voyant d'un temps si court leur puissance bornée,*
> *Des plus heureux desseins font avorter le fruit,*
> *De peur de le laisser à celui qui les suit ;*
> *Comme ils ont peu de part au bien dont ils ordonnent,*
> *Dans le champ du public largement ils moissonnent,*
> *Assurés que chacun leur pardonne aisément,*
> *Espérant à son tour un pareil traitement »*

Comme nous l'avons vu au cours de ce chapitre, la monarchie, qui représente la plus grande part de notre Histoire, n'a jamais été vraiment rejetée en tant que telle par nos concitoyens, et ce sont plutôt des hasards successifs, politiques, militaires et sociaux, qui font que nous vivons aujourd'hui en République –régime marqué, dans notre pays, par une instabilité endémique face à laquelle la Constitution du 4 octobre 1958, maintes fois réformée et amendée, s'est avérée un bien piètre palliatif. Il n'est donc pas illégitime, en cette période où notre instable équilibre institutionnel ne tient plus qu'à un fil, ce qui impacte négativement tous les domaines de la société et de la vie quotidienne de nos concitoyens, de s'interroger sur la forme la plus naturelle de la gouvernance de l'Etat, et la réponse monarchique, en faveur de laquelle plaide l'antériorité historique, pourrait en être une fort valable. Combiner la stabilité institutionnelle, politique et morale inhérente à la royauté avec le meilleur d'un régime parlementaire, qui fait des citoyens des acteurs de notre destin commun, pourrait s'avérer une véritable opportunité de rendre sa grandeur à la France, et à la Nation son indispensable fierté et un sentiment d'unité consubstantielle à sa pérennité. Les Révolutionnaires de 1789 qualifiaient la République de *« Une et Indivisible »* ; c'est la communauté nationale qui doit l'être, et il se pourrait bien qu'un roi soit le lien moral indispensable pour cela.

Chapitre 2
Quelle monarchie pour la France de demain ?

Rien n'interdirait, dans le cadre d'une réforme institutionnelle, à l'Assemblée Constituante –composée généralement de l'ensemble des députés et sénateurs- réunie pour l'occasion, de se prononcer pour un changement de la forme du gouvernement et d'envisager l'hypothèse monarchique, reprenant ainsi le débat interrompu dans la douleur dans les premières années de la Troisième République. Cela n'aurait rien d'une bizarrerie sur le plan international : rappelons que l'Union Européenne compte aujourd'hui sept monarchies parlementaires, qui s'avèrent tout aussi démocratiques et fonctionnelles que les autres Etats de l'UE, et où la communauté nationale semble globalement traversée par moins de lignes de faille. Rappelons aussi que renouer avec la monarchie après des décennies passées sous d'autres formes de gouvernement n'aurait rien d'une grande première : n'est-ce pas ce qu'a fait l'Espagne en 1975, avec le succès que l'on sait, tant du point de vue économique que de l'unité de la société espagnole et de sa modernité ?

Nos cours d'Histoire nous ont enseigné à considérer la monarchie au travers du prisme de l'absolutisme et d'une société d'ordres, irrémédiablement figée. Si nous pensions qu'il en était ainsi, un roi de France ne nous apparaîtrait pas comme une hypothèse d'avenir, et nous n'aurions en tout état de cause pas écrit ce livre. Mais il se trouve que cette grille de lecture s'appuie sur un énorme biais cognitif : l'enseignement de l'Histoire, dans notre pays, demeura, jusqu'à une date récente, marqué par l'héritage des hussards noirs de la République –selon le terme popularisé par Charles Péguy, en 1913, dans *L'Argent* : « *Nos jeunes maîtres étaient beaux comme des hussards noirs. Sveltes ; sévères ; sanglés. Sérieux, et un peu tremblants de leur précoce, de leur soudaine omnipotence.* ». Ce terme fait référence à la couleur de la blouse des instituteurs et institutrices de la Troisième République, mais aussi, et sans doute surtout, au fait qu'ils furent véritablement des combattants, chargés d'imposer dans les esprits la primauté de la forme républicaine de gouvernement. La Troisième République, incapable d'oublier qu'elle avait bien failli ne pas en être une, et qu'une bonne moitié des enfants grandissaient dans des familles où les sentiments républicains étaient plutôt tièdes et circonstanciels, et la nostalgie d'un roi, garant de l'unité de la Nation, présente au

29

moins en filigrane, éprouva la nécessité de faire de l'instruction publique un instrument correctif de cette réalité psychosociologique. C'est pourquoi le corps enseignant de l'époque transmis avec zèle et dévouement une vision de l'Histoire où la royauté faisait office de parenthèse d'iniquité, heureusement corrigée par la Révolution et l'avènement de la République, garante de la démocratie.

Le fait que cette vision passe sous silence l'importance de quinze siècles de notre Histoire dans la construction d'un sentiment national et de nos institutions, et survalorise le résultat d'événements sanglants, n'entrait pas en ligne de compte : le but de cette vision très orientée était bien plus politique que culturel. C'est d'ailleurs la raison pour laquelle l'opposition entre l'Ecole de République et les établissements privés, généralement confessionnels, fut aussi marquée pendant les dernières décennies du XIXème siècles et les premières décennies du XXème : il s'agissait beaucoup moins, bien qu'on le présente généralement ainsi, d'un affrontement entre une vision laïque et une vision intégrant la religion dans l'éducation, que d'une volonté républicaine de contrôle de la formation historique, et donc politique, des futurs citoyens. On reprochait finalement moins aux écoles confessionnelles leur caractère confessionnel que le fait que les monarchistes soient traditionnellement plus nombreux, voire franchement majoritaires, parmi les familles qui y envoyaient leurs enfants.

Si l'on rompt avec cette vision manichéenne de l'Histoire, héritage de la Troisième République, nul doute que l'on puisse avoir une vision plus apaisée de la France qui se construisit lentement sous l'impulsion de nos rois, et qu'il soit possible de regarder dans une même optique de patrimoine commun de tous les Français leurs apports et ceux de la République. Nul doute, par ailleurs, qu'un benchmark européen puisse rassurer les plus sceptiques sur la compatibilité entre monarchie et démocratie, pour peu que la première s'inscrive dans un cadre constitutionnel assurant une pleine représentation parlementaire. Les monarchies européennes contemporaines respectent, toutes, ce critère, et le roi y règne, mais n'y gouverne pas. C'est d'ailleurs ce qui lui permet d'être au-dessus des partis et des prises de positions politiques, et d'incarner en tous temps l'ensemble de la Nation en en étant un point de référence stable. Si on gouverne, dans le meilleur des cas, à l'horizon d'une ou deux décennies, on règne avec une perspective qui s'exprime en termes de siècles, et cela permet, bien évidemment de porter et de symboliser une plus grande ambition collective, d'incarner la perspective d'une civilisation. Aucune des républiques qui se sont succédées en France n'a eu une durée de vie assez longue ou une assise assez solide pour y prétendre.

Il faut bien reconnaître que, si un enseignement biaisé de l'Histoire, au cours de la majeure partie du siècle écoulé, a instillé en nous une certaine méfiance vis-à-vis de l'institution monarchique, le quinquennat de François Hollande, suivi de la campagne présidentielle la plus scandaleuse qu'on puisse imaginer, dénuée de fond et d'ambition pour notre pays qui en a cruellement besoin, a achevé de convaincre les Français que le régime sous lequel ils vivent actuellement n'est ni éthique, ni viable à moyen terme, ni même pleinement démocratique. L'assentiment populaire pour un retour à la monarchie pourrait donc être obtenu en expliquant clairement d'un roi, non seulement incarnerait un lien moral, générateur d'unité national et de préservation de nos valeurs fondamentales, mais n'aurait jamais à faire campagne, ce qui le mettrait à l'abri de toute tentation de faire des promesses démagogiques, et ce d'autant plus que la Constitution poserait des bornes très claires quant à son rôle politique.

Soulignons-le de nouveau : il n'y a pas, en France de rejet épidermique du principe monarchique ; il y aurait même, tout au contraire, chez nos concitoyens, une certaine fascination pour les monarchies de nos pays voisins, comme en témoigne leur intérêt, voire leur enthousiasme, pour le couronnement de Felipe d'Espagne, ou encore pour la visite du Prince William et de son épouse Kate à Paris en mars 2017. Sans compter l'intérêt jamais démenti pour le magazine *Point de vue* –anciennement *Point de vue-Images du Monde*-, actuellement propriété du groupe *L'Express*, et qui publie chaque semaine, depuis le 23 mars 1945, des articles sur l'actualité des têtes couronnées, qui ont constitué la quasi-totalité de leur ligne éditoriale jusqu'en 2004, année où elle a connu une certaine diversification vers la vie des personnes célèbres, au sens large, en continuant néanmoins à faire la part bel au Gotha. Ce magazine, qui présente la particularité d'être ouvertement orléaniste –nous y reviendrons plus loin, peut s'enorgueillir de tirages hebdomadaires de plus de 50 000 exemplaires ; on doit néanmoins constater que ce chiffre est en érosion sensible par rapport à la période où la ligne éditoriale demeurait centrés sur les familles royales, sans que l'on puisse dire avec certitude si le lien de cause à effet est avéré, ou si cela s'inscrit dans un mouvement plus large de désaffection pour la presse papier. L'intérêt pour la royauté et les vies de ceux et celles qui l'incarne est donc toujours bien vivant chez les Français, aussi surprenant que cela puisse être dans une République qui n'a eu de cesse, depuis 140 ans, de se revendiquer comme telle, y compris via un enseignement de l'Histoire particulièrement orienté, ainsi que nous l'avons mentionné.

Il existe une forme de nostalgie monarchique fondamentale qui surpasse, en un sens, l'attachement appris aux institutions républicaine, et qui est plus spontané. Les petites filles de cinq ou six ans souhaitent se déguiser en princesse, pas en Première Dame. Le premier pouvoir des rois et des reines pourrait bien n'être pas exécutif ou de représentation, mais plutôt un pouvoir de fascination largement lié à la fois à notre imaginaire alimenté par les contes de fée, et au fait d'incarner durablement un mythe –ce roman national, qui contient notre Histoire commune, mais la dépasse, en lui donnant une dimension identitaire et éternelle. Comme toute construction sociale ou économique humaine, la Nation elle-même est un mythe, qui n'existe que parce que ceux qui la composent partagent la fiction de son existence –de même que les représentants des autres nations- y croient. Or, un mythe a plus d'existence quand son symbole visible est une dynastie à même de traverser les siècles que quand il change au gré des quinquennats, quand son caractère intemporelle, porteur de valeurs et d'identité, est une évidence pour tous, plutôt que quand il change au gré des inflexions politiques. S'il n'est pas certain que la France souffre d'une crise d'identité parce qu'elle n'a pas de roi, il est évident qu'un roi lui rendrait une conscience partagée plus forte et plus claire de son identité, et qu'elle serait ainsi mieux à même de l'affirmer et de la défendre. Mais au-delà d'une nostalgie teintée d'onirisme, il existe un attachement plus profond, qui tient à la nature même de la monarchie, pouvoir fondamentalement incarné. Les monarques sont à la fois éloignés et tous proches. La dimension familiale de la monarchie permet aux sujets de s'identifier profondément à leurs dirigeants, qu'ils se perçoivent comme des parents éloignés, mais familiers, car toujours présents à l'esprit en filigrane, génération après génération. On appelait ainsi la famille royale la «Famille de France». Le régime monarchique s'appuie ainsi sur deux principes qui peuvent a priori sembler antinomiques : un éloignement fantastique, qui inscrit le monarque dans une continuité historique, et une familiarité qui permet l'incarnation du pouvoir et de la Nation dans une famille, symbole de « la grande famille des citoyens français ».

Cette familiarité et cette continuité sont garantes de certitudes et de repères solides, repères qui manquent de façon évidente dans un régime républicain, où personne n'est capable de savoir qui gouvernera cinq ans plus tard, et si celui qui sera sensé gouverner aura appris cet amour profond de la France qui permet de l'incarner et de la résumer ! Rappelons-nous d'Emmanuel Macron, candidat à l'élection présidentielle déclarant *« qu'il n'y a pas de culture française »* : comment pourrait-il prétendre incarner ou susciter un sentiment d'appartenance à une Nation dont il ne reconnaît pas la spécificité différenciatrice et le génie propre – le génie national étant entendu ici comme l'esprit particulier, les valeurs et les concepts qu'un peuple amène en partage à l'humanité, une version transcendée de ce qu'il peut générer de meilleur? La République est un régime abstrait où personne ne gouverne réellement, puisque tout le monde gouverne ou pourrait gouverner, et surtout où personne n'est en position d'incarner durablement le tout. L'instinct monarchique du peuple français, en période de profonde crise de ses institutions et de son identité, n'est donc pas simplement une nostalgie teintée d'onirisme un peu enfantin, mais l'intuition fondamentale de la nécessité de bornes, non pas au sens de limites, mais au sens de règles communes librement consenties qui forment un cadre nécessairement respectueux des valeurs partagées. François Hollande ne l'a pas compris et, se voulant un *« Président normal »*, il a symboliquement rompu le dernier barrage de la légitimité ressentie de la Cinquième République, qui tenait pour une bonne part à un éloignement présidentiel de nature quasi monarchique, que tous ses prédécesseurs, chacun à sa façon, avaient respecté. Certains pays, par nature profondément égalitaristes, pourraient sans doute, dans une certaine mesure, aspirer à un président « normal ». Mais ce n'est en aucune manière le cas de la France, où la distance hiérarchique, ainsi que le soulignent les travaux de Geert Hofstede concernant l'Intelligence culturelle, est un élément fondamental de l'organisation sociale et des relations interpersonnelles.

François Hollande ne pouvait qu'échouer et se déclasser aux

yeux de Français en aspirant à être un président «normal, parce que c'était répéter l'erreur de Louis XVI qui s'est voulu un souverain normal, et qui en est mort. Louis XVI, quoi qu'on en dise, n'est pas mort du poids des inégalités qui pesaient sur la société d'Ordres du XVIIIème siècle ; il n'est pas même mort de la Fuite de Varennes, ou du moins pas seulement. Et l'invention de Guillotin ne fut, en l'espèce, qu'un instrument. En effet, Louis XVI, homme chez qui la vocation de serrurier était sans doute aussi présente que la vocation monarchique, a commis la faute irréparable qui allait précipiter sa fin quand, soucieux d'apaiser les esprits après la prise de la Bastille, qui l'avait beaucoup affecté, il décida de se rendre à l'Assemblée National *« à pied, sans pompe, sans cortège et presque sans gardes »*, et s'adresse aux députés la tête découverte. En agissant ainsi, il désacralise sa propre personne, venant lui-même, presque en suppliant, au lieu d'être le roi en majesté dont ses peuples viennent implorer le bienveillant arbitrage. Il faut bien avouer que cette attitude « simple » et « proche du peuple » nous semble bien sympathique, et que même à l'époque, la démarche fut, sur l'instant, plutôt appréciée. Mais elle n'en dénote pas moins un déplorable manque de sens politique : au sortir d'une longue période d'absolutisme, comment un roi pouvait-il penser préserver sa popularité vacillante en étant « moins le roi », et plus comme tout le monde ? Sa personne aurait sans doute conservé davantage son caractère sacré –le roi, oint de Dieu et dépositaire d'une autorité et d'un ordre voulu par lui-, et sa dynastie une dimension intouchable, à préserver à tous prix, s'il était resté un souverain incarnant pleinement son rôle : on n'a guillotiné Louis XVI que parce qu'il a, en quelque sorte, lui-même montré qu'il ne se conduisait que comme le citoyen Capet. Les Français veulent, et ont d'ailleurs toujours voulu, que celui qui les représente incarne la grandeur qu'ils attachent inconsciemment à notre pays et à notre culture ; ils ne sauraient pardonner à un roi, ni même à un président de la République, d'aspirer à être un homme normal, et moins encore de se comporter comme s'il n'avait jamais été que cela.

Nos concitoyens aiment indéniablement voir la Nation personnifiée et incarnée durablement, et ce besoin est plus que jamais sensible à notre époque où l'impérialisme invisible et impersonnel de la mondialisation a montré ses limites en matière de prospérité comme de sécurité, et son incapacité à générer un véritable sentiment d'appartenance et à préserver les dimensions singulières de la culture et de l'identité d'un peuple. Parler « d'impérialisme de la mondialisation » pourrait être considéré comme un abus de langage, et pourtant... Du point de vue de l'historien, tous les empires, depuis celui de l'akkadien Sargon, ont partagé la caractéristique de prétendre à l'universalisme, et à avoir vocation à intégrer tous les peuples en leur sein, pour leur plus grand bonheur. En ce sens, aucun empire ne fut jamais conquérant de son point de vue : sa volonté d'expansion constituait seulement une manifestation de sa volonté de remplir son devoir d'apporter ses bienfaits à tous les peuples de la terre, qui ne fut jamais mieux exprimé que dans l'Empire chinois, où l'Empereur était l'unique personne qui avait reçu Mandat du Ciel pour régler les problèmes de tous les hommes sur terre.

Cela ressemble furieusement au discours mondialisant actuel, qui estime que tous les hommes sur terre doivent s'unir pour régler –suprême arrogance !- les problèmes du Ciel, c'est-à-dire tous les problèmes qui dépassent les capacités d'action d'un seul Etat, comme le réchauffement climatique ou les trous dans la couche d'ozone. Mais l'impérialisme mondialisant, comme tous les impérialismes, tend à vouloir nier les particularismes ; dans les configurations anciennes d'un monde moins peuplé aux communications plus lentes, comme l'Empire romain, celui du Perse Cyrius, ou encore celui des Moghols, le nivellement volontaire qui en résultait se produisait par petites touches successives, étalées sur des générations, et ce caractère insensible permettait que cela fonctionne un certain temps, même si ce n'était pas toujours sans heurts. Dans notre monde surpeuplé et marqué par l'immédiateté de l'information et des moyens de communication, la négation politique et économique des particularismes est nécessairement ressentie avec plus de violence, notamment par les peuples que leur démographie déclinante ne place pas en position dominante, mais qui lient historiquement leur existence à leurs valeurs, leurs us et coutumes, et leur culture singulière. C'est pour cela que la fin annoncée des Etats-Nations - voire la fin annoncée de l'Histoire et de ses soubresauts- dans le creuset d'une mondialisation bienveillante n'est pas, loin s'en faut, en passe de se produire : la montée des populismes européens, que les journalistes se plaisent actuellement à dénoncer avec des cris d'orfraie, n'est rien d'autre que la voix des peuples qui, se sentant menacés dans leur existence même, et dans leur légitimité à la revendiquer, l'affirment avec d'autant plus de force, par réflexe d'auto-défense, et veulent, pour la même raison, voir leur essence représentée plus que conjoncturellement. Si l'on y ajoute un contexte institutionnel mouvementé, c'est pour cela que les Français pourraient bien aspirer au retour d'un roi, symbole de la Nation toute entière, et de son essence qui traverse les siècles et malgré les soubresauts de l'Histoire. Et cela d'autant plus qu'en France, nous avons la chance rare, comme nous le verrons plus loin dans ce chapitre, d'avoir toujours pour y pourvoir la possibilité de faire appel à des descendants des Capétiens, étroitement liés à la France depuis l'An 987.

Si la Cinquième République avait apporté la stabilité politique et institutionnelle escomptée, peut-être eût-elle définitivement éloigné toute tentation monarchique dans l'Hexagone, mais c'est objectivement très loin d'être le cas. Et l'Union Européenne elle-même, qui se veut un espace de paix et de prospérité économique, mais ne s'est pas avérée un rempart protecteur pour les nations qui la composent, n'empêche en rien d'envisager que la France puisse avoir un roi, puisque c'est aujourd'hui le cas de sept de ses Etats membres. De plus, une monarchie parlementaire à l'image de celles d'Europe du Nord, ou encore de l'Espagne, garantirait pleinement l'exercice de la démocratie dans notre pays, tout en permettant une meilleure stabilité de ses valeurs, et le fait qu'il se trouverait toujours une voix légitime pour dire ce qu'est la France éternelle... La royauté pourrait ainsi être un chemin pour réaffirmer sans ambiguïté le sentiment national sans courir le risque de passer insensiblement d'un patriotisme bienvenu à un nationalisme plus contestable, puisque l'incarnation de ce sentiment national serait déconnectée de l'exercice de toute fonction politique, et plus encore de toute démagogie de campagne. Un roi incarnerait la pérennité, l'identité de la Nation et ses valeurs partagées, laissant les choix politiques conjoncturels aux représentants élus de cette même Nation ; il serait le garant de l'essentiel sans être le comptable méticuleux du quotidien, symbolisant ainsi cette grandeur à laquelle la France peut aspirer pour en avoir été dépositaire durant une bonne partie de son Histoire. Ce n'est pas par hasard, par exemple, si le français succéda au latin comme langue privilégie de la culture comme de la diplomatie : c'est parce que nos concitoyens avaient su faire évoluer notre langage de telle façon qu'il se trouva être le vecteur à la fois le plus précis et le plus subtil pour exprimer toutes les nuances indispensables dans ces deux domaines capitaux de la pensée humaine et des interactions positives entre les sociétés.

Actuellement, sous notre Vème République, la Couronne de France est considérée comme dormante, puisque le dernier texte constitutionnel qui évoque clairement la royauté est la Constitution de la Troisième République, qui fait du Président de la République une sorte de régent, le temps de rétablir une continuité dynastique et de la mettre en cohérence avec les évolutions institutionnelles. Le fait que les régents se soient, dans les faits, succédés depuis, et que deux autres constitutions aient été promulguées ne remet pas en cause la possibilité de ce rétablissement, s'il était jugé pertinent par la Nation et ses représentants.

Nous envisageons, depuis le début de ce chapitre, des bienfaits de la royauté en évoquant la perspective d'un roi. Pourtant, rien n'empêcherait en l'occurrence que ce roi soit une reine, et il y a fort à parier que, dans notre époque et notre civilisation qui souligne dans tous les domaines l'importance et la légitimité de l'égalité homme-femme, la nouvelle Constitution instituant la royauté ne manquerait pas de préférer la primogéniture simple, où la succession royale va à l'aîné des enfants, quel que soit son sexe, à la primogéniture en lignée masculine, où le successeur est les fils aîné – excluant donc ses éventuelles sœurs plus âgée. Certains, plus attachés aux traditions ou plus ignorants des arcanes de l'Histoire de France, argueront que dans notre pays, la primogéniture des mâles a toujours été préférée, et que nous n'avons nul exemple d'une fille succédant à son père sur le trône. D'un point de vue factuel, c'est rigoureusement exact, mais sans même évoquer l'argument « autre temps, autres mœurs », qui vaut largement l'argument selon lequel « on a toujours fait comme ça », ce ne fut, au départ que le fait d'un hasard qui produisit une succession ininterrompue de fils aînés, de Hugues Capet à Louis X le Hutin, après quoi seuls les soupçons d'illégitimité concernant sa fille Jeanne de Navarre conduisirent à exhumer et réinventer contre elle une vieille disposition des Francs Saliens -qui ne concernait d'ailleurs pas les royaumes, mais les domaines fonciers-, jetant ainsi les bases d'un enchaînement d'événements qui conduiraient inexorablement à la Guerre de Cent Ans. Ce rétablissement hâtif et conjoncturel de la Loi Salique et les rebondissements historiques dont il fut largement à l'origine ont d'ailleurs largement inspiré notre imaginaire collectif ces dernières décennies, notamment après que l'œuvre magistrale de Maurice Druon, « *Les Rois*

Maudits », ait été portée à l'écran.

Pour en finir avec la Loi Salique

Si la France envisageait de renouer avec la royauté, il s'agirait bien évidemment d'une royauté moderne qui, à l'image des autres monarchies européennes de notre temps, ne saurait écarter les femmes de la ligne de succession. C'est pourquoi il semble indispensable d'expliquer précisément que ce que fut la Loi Salique, et le rôle qu'elle joua dans les règles de succession françaises, pour comprendre pourquoi on peut à bon droit s'en passer.

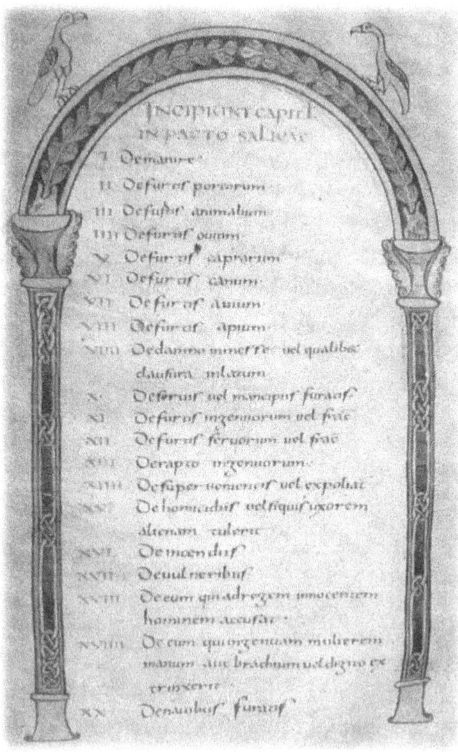

Cette loi, héritée des Francs Saliens, le peuple de Clovis, évoque de nombreux sujets, relatifs à ce que nous appellerions aujourd'hui le droit privé, et notamment les règles s'appliquant en matière de propriété foncière. Dans ce cadre, elle dispose, entre autres choses, que les femmes sont exclue de la succession, et prévoit le partage du domaine foncier à parts égales entre les fils du défunt. Il est à noter qu'à ce stade, il ne s'agit en rien d'une loi fondamentale du royaume, et cela d'autant plus qu'une loi de succession royale aurait eu peu de sens pour les Francs qui, en la matière, préférèrent toujours un successeur élu à un successeur naturel ou désigné. De plus, tout bon juriste confirmerait que, quel que soit le système juridique, appliquer les mêmes lois à une succession royale qu'à l'héritage d'un particulier n'a jamais été une norme obligatoire, d'autant que cela reviendrait à considérer le royaume comme un bien privé, dont le roi serait le propriétaire. Or, les rois français et européens, porteurs en cela de l'héritage celte et germanique, et de survivances plus ou moins conscientes du Droit Romain, se sont toujours considérés comme protecteurs et défenseurs de leur royaume et de leurs peuples, mais pas comme propriétaires de ceux-ci : toute la féodalité reposera d'ailleurs sur ce principe de protection et de réciprocité. La seconde disposition de la Loi Salique que nous avons mentionnée ici fut à l'origine du morcellement du royaume suite aux désastreux partages mérovingiens. Quant à la première, elle ne fut, jusqu'à l'aube du XIVème siècle, jamais invoquée, ou même évoquée lors d'une succession royale, non seulement faute de besoin, puisque la lignée compta toujours un fils aîné prêt à succéder à son père, de 987 à 1316 –ce que les historiens qualifièrent d'ailleurs de « miracle capétien », et qui fut un argument fort de la validation par Dieu d'une légitimité dynastique-, mais aussi parce qu'elle n'avait a priori rien à voir avec le sujet.

La Loi Salique est par ailleurs fort loin d'être un texte figé dont nous connaîtrions le contenu originel à la virgule prêt ; il est d'autant moins monolithique qu'il a été remanié dans différents contextes, au moins jusqu'à l'époque de Charlemagne. On possède soixante-dix manuscrits de la Loi Salique, mais aucun d'époque mérovingienne, ce qui signifie qu'aucun n'est un original. La Loi Salique serait issue d'un pacte oral conclu entre 350 et 353, dans l'Empire Romain finissant, entre les Lètes et leurs officiers germano-romains, pacte par lequel les parentèles renoncent à la vengeance, remplacée par des amendes et des dédommagements. Autant qu'un accord entre un peuple germanique et ses chefs, elle serait ainsi un compromis entre la coutume gentilice du peuple franc des Lètes, relevant du système vindicatoire, et les nécessités de l'ordre public romain, attaché à la loi, et à une même règle appliquée à tous. Sa mise par écrit se serait faite plus tardivement, en latin, à la demande de l'un des premiers rois francs, mais nous ignorons lequel. Sous le règne de Pépin le Bref (751-768), le *Pactus Legis Salicæ* originel fut complété et refondu, prenant dès lors le nom de *Lex Salica* –Loi Salique.

A l'orée du IXème siècle, sous le règne de Charlemagne, l'ultime version de cette loi fut promulguée, sous le nom de *Lex Salica Carolina* ; cette version fut réordonnée de façon plus cohérente par l'abbé Loup de Ferrières à la demande d'Évrard de Frioul, gendre de Louis le Pieux, et une traduction en langue germanique fut réalisée à la même époque. A chaque fois, la loi fut augmentée, modifiée et adaptée aux circonstances, ce qui rend particulièrement hasardeuse la datation de certains articles. Une de ces révisions fit passer de soixante-cinq à cent le nombre des articles composant la loi, ce qui n'est pas sans effet sur son contenu : alors que les premières versions s'attachent surtout au droit privé, la dimension politique s'accentue au fil des révisions, sans qu'elle ne devienne pourtant, à aucun moment, une loi de succession pour le royaume. Au fil des remaniements, on constate ainsi le remplacement progressif du Wergeld –ce système germanique où la peine est négociée entre les parties-, par l'amende -imposée par l'autorité royale. Cela est bien évidemment lié à la situation politique agitée qui conduit les rois mérovingiens, puis les premiers Carolingiens, à supporter de moins en moins toute autorité autre que la leur, et en particulier celle des parentèles influentes ; ils durcissent donc progressivement leur emprise sur la société. À cet égard, les différentes versions de la Loi Salique illustrent bien la transition entre les structures germaniques des Francs et la royauté dans son acception médiévale.

L'aspect de la Loi Salique qui aura ultérieurement pour les lois de succession de Royaume de France l'importance que l'on sait est l'article 62 du pacte initial, *De allodis*, qui porte sur la transmission des alleux, c'est-à-dire des terres détenues en pleine propriété par un groupe familial – Il est d'ailleurs à noter que plusieurs articles autorise de fait les femmes à hériter desdites terres, mais les réécritures successives réduiront progressivement leurs droits successoraux. Ainsi, alors que la version initiale précise que *« Si quis mortuus fuerit et filios non demiserit, si mater sua superfuerit, ipsa in hereditatem succedat »* -si quelqu'un meurt sans enfant et que sa mère lui survive, c'est elle qui hérite-, et que *« tunc si ipsi non fuerint, soror matris in hereditatem succeda »* -si ceux-là aussi sont décédés et qu'il demeure des sœurs de la mère, elles héritent-, la version la plus tardive du texte énonce au contraire que *« De terra salica nulla portio hereditatis mulieri veniat, sed ad virilem sexum tota terræ hereditas perveniat »* -quant à la terre salique, qu'aucune partie de l'héritage ne revienne à une femme, mais que tout l'héritage de la terre passe au sexe masculin-. Cette dernière formulation apparaît dans les versions carolingiennes, et c'est elle qui donnera une bien fragile justification juridique, au moment de la succession de Louis X le Hutin, pour affirmer fort opportunément, compte tenu de la possible bâtardise de l'héritière présomptive, que *« France est trop noble royaume pour tomber en quenouille »* -sous-entendu « entre les mains d'une femme ». Cette affirmation fut d'ailleurs directement à l'origine de la Guerre de Cent Ans, puisqu'elle servit quelques années plus tard de prétexte pour interdire la succession à Isabelle de France, fille de Philippe IV Le Bel –alors reine d'Angleterre par son mariage avec Edouard II- lors du décès de son dernier frère, mais aussi pour écarter ses enfants – en l'occurrence son fils, le futur Edouard III-, en affirmant que le sang de France ne pouvait être transmis par une femme –ce qui ne sortait, pour le coup, d'aucun texte, mais s'avérait fort opportun tant pour l'autonomie du Royaume de France que pour la Maison de Valois.

C'est cette crise successorale, suivie d'autres, tout aussi sensibles, à un rythme rapproché, dans les années suivantes, qui remit en lumière la Loi Salique opportunément exhumée d'archives poussiéreuses, et qui conduisit, au début du XIVème siècle, à en faire une interprétation l'établissant comme loi fondamentale pour la succession à la couronne –réalité d'autant plus lourde de conséquences que nombre de Cours européennes s'inspirèrent de cette historiographie juridique d'opportunité pour établir à leur tour la primogéniture stricte. Si Marguerite de Bourgogne n'avait jamais été convaincue d'adultère, les lignes successorales européennes auraient donc probablement été sensiblement différentes, et quand on sait l'importance que les relations de souverain à souverain eurent longtemps dans la détermination des alliances ou dans le déclenchement des guerres, il est probable que toute l'Histoire européenne en eut été changée. De plus, si la capacité des femmes à gouverner n'avait pas été ainsi remise en cause, il aurait été moins facile de les écarter des charges d'Etat ou des professions intéressantes –comme la médecine, que certaines exerçaient avant le XIVème siècle-, parce que l'argument de leur incapacité n'aurait été illustré par nul exemple venu d'en haut... ce qui aurait profondément modifié les rapports sociaux, et peut-être politiques, dans notre société. La recherche actuelle de parité n'est, en ce sens, qu'un correctif d'une interprétation tardive et conjoncturelle d'une obscure loi des Francs Saliens.

Chapitre 3
Quel roi pour la France de demain ?
Trancher la querelle des Légitimistes et des Orléanistes

Admettons que, sous la pression des événements et d'une instabilité politique croissante, que l'on peut probablement anticiper compte tenu des aléas électoraux de ces derniers mois et du bouleversement de tous nos schémas institutionnels qu'ils impliquent, l'hypothèse monarchiste apparaisse comme un recours pertinent, à la fois pour garantir la stabilité des institutions et pour assurer durablement le respect de nos valeurs communes. Une question d'importance resterait à trancher, à savoir : à qui proposer la couronne ?

La question peut sembler rhétorique et, dans beaucoup de pays, se résoudrait par le constat logique : aux descendants légitimes de nos derniers rois... Sauf que, dans le cas de la France, ce serait méconnaître l'Histoire et le débat de légitimité des prétendants à la couronne soulevé par le Traité d'Utrecht, signé en 1713. On ne peut en aucun cas, quelles que soient nos certitudes quant à la solution qui doit prévaloir, évoquer un possible retour à la royauté pour notre pays sans poser les arguments historiques, juridiques, politiques, dynastiques et humains qui pourraient peser sur la désignation du Roi, et ce d'autant plus que nos concitoyens ont, pour la plupart, très rarement ou jamais entendu évoquer ce sujet, fût-ce en cours d'Histoire.

Le traité d'Utrecht –en fait les Traités d'Utrecht : le premier, signé de 11 avril 1713 entre le Royaume de France et le Royaume de Grande-Bretagne ; le second, signé le 13 juillet de la même année entre le Royaume d'Espagne et celui de Grande-Bretagne- mit fin à la Guerre de Succession d'Espagne. Il est l'argument sur laquelle s'appuie la Maison d'Orléans dans sa revendication de la Couronne de France, bien que les Bourbon d'Anjou soient sans conteste devenus la branche aînée de la Maison de Bourbon depuis l'extinction des Bourbons directs, le Comte de Chambord étant mort sans descendance en 1883. Ce sont d'ailleurs les Bourbons d'Anjou qui portent les armes pleines de la Maison de France – réservées à la branche aînée-, ainsi que la Justice leur en a confirmé le droit en déboutant, en 1988, Henri d'Orléans, qui désirait en voir interdire le port à Alphonse de Bourbon et à ses descendants. Les cadets doivent introduire une brisure dans leurs armes, comme ce fut d'ailleurs le cas même pour Louis-Philippe, seul descendant royal de la Maison d'Orléans, mais malgré tout représentant d'une branche cadette de la Maison de Bourbon. Notons, d'ailleurs, qu'Henri d'Orléans a également été débouté en mars 2000 d'une requête présentée près le Tribunal de Grande Instance de Paris, visant à prendre comme patronyme celui de Bourbon et abandonner celui d'Orléans ; ce refus fut confirmé le 1er février 2001 par un arrêt de la Première Chambre de la Cour d'Appel de Paris, arrêt entériné le 30 septembre 2003 par la Cour de Cassation.

Mais que contient donc ce Traité d'Utrecht, vieux de trois cents ans, et qui, par ailleurs, entérina la primauté du Français comme langue diplomatique en lieu et place du latin –primauté qui sera absolue jusqu'à la signature du Traité de Versailles, en 1919-, pour conduire certains à remettre en question un droit d'aînesse, et donc un potentiel droit au Trône de France en cas de retour à la royauté, qui semblent l'un et l'autre si solidement établis, y compris d'un point de vue juridique ? Passons sur les mesures territoriales, nombreuses, qui influèrent grandement sur la géographie politique européenne, et nécessiteraient, à ce titre, un ouvrage à elles seules, pour nous concentrer sur les aspects de ce traité de 1713 qui ont, encore aujourd'hui, leur place dans le débat quand il s'agit de déterminer la légitimité dynastique et le droit à la Couronne.

Tout se résume à une disposition, qui visait alors à empêcher l'unification des couronnes de France et d'Espagne sous la houlette de Philippe V, Roi d'Espagne, quand décèderait son grand-père, le Roi Louis XIV –décès qui survint deux ans plus tard, en 1715. Les Espagnols étaient partagés sur l'intérêt d'une unification des deux royaumes, qu'ils craignaient de voir se faire à leur détriment, et les autres puissances européennes redoutaient par-dessus tout le poids géopolitique, économique et militaire du grand royaume qui aurait résulté d'une fusion des deux couronnes. Dans le cadre de ce traité, Philippe V dut donc renoncer à la toute prétention sur la Couronne de France pour lui-même et ses descendants, tandis que ses cousins renonçaient à la Couronne d'Espagne. L'actuelle branche aînée des Bourbons étant descendante de Philippe V, les prétentions orléanistes sembleraient donc, au premier abord, pouvoir se justifier... s'il n'existait pas des dispositions antérieures et inaliénables, lois fondamentales du Royaume, relatives à la transmission de la Couronne de France, rendant toute renonciation à celle-ci absolument nulle et non avenue, et ôtant par là même toute valeur légale à cette disposition du Traité d'Utrecht –ce dont Louis XIV était probablement tout à fait conscient : qui peut penser qu'un aussi fin politique, dont le règne durait alors de soixante-dix ans, aurait permis de fragiliser définitivement sa ligne successorale, sans espoir de retour ?

Les Lois Fondamentales qui règlent la succession à la Couronne de France sont des règles coutumières dégagées progressivement pour assurer la continuité de la lignée et de l'État, et ainsi garantir la paix civile. Nées dans une époque de droit coutumier –songeons que les Bourbons sont des descendants des Capétiens via les Valois, et que, s'il y eu toujours un fils aîné pour succéder à son père de Hugues Capet à Philippe Le Bel, il fallut bien ensuite convenir de règles pour les successions moins simples et moins illustratives du destin d'une lignée-, ces Lois Fondamentales ne sont pas dénuées de valeur sous prétexte qu'elles ne furent pas écrites, ne serait-ce que la valeur de la tradition, puisqu'elles furent la base de toute succession royale de l'An 987 à 1830. Ces lois fondamentales disposent que la succession à la Couronne est héréditaire par ordre de primogéniture –primogéniture de mâle en mâle si l'on tient compte de la Loi Salique, dont on a vu précédemment qu'elle fut plus conjoncturelle que légale ou salique, d'ailleurs- ; elles disposent également que la Couronne de France est indisponible : le Roi régnant ne peut rien changer à l'ordre de succession, il ne peut ni abdiquer, ni exhéréder ou faire renoncer un Prince du Sang – cette clause rendant indubitablement sans valeur les dispositions successorales résultant du Traité d'Utrecht.

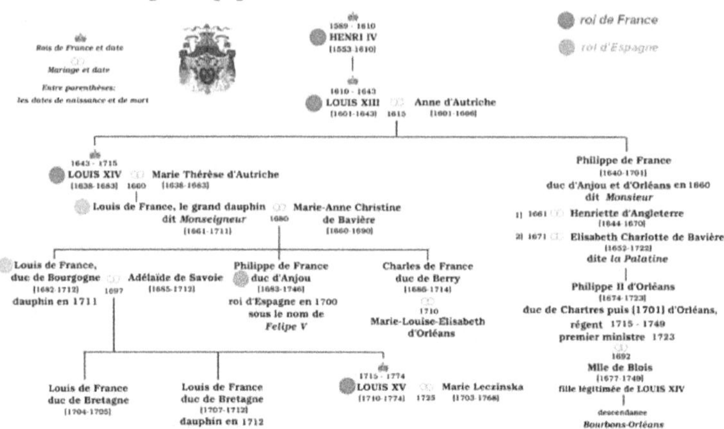

Généalogie simplifiée des Bourbons XVIIe et XVIIIe siècles

On peut mentionner également deux autres dispositions, qui tiennent peu de place dans le présent débat, étant remplies par tous les prétendants potentiellement en lice. Ainsi, la succession est instantanée, comme l'illustre la formule « *Le Roi est mort, vive le Roi* ». Le Roi de France doit également être catholique, né d'un mariage catholique canoniquement valable. En revanche, les sujets n'ont aucune obligation d'embrasser la foi catholique.

Face à ces Lois Fondamentales qui ont garanti une véritable stabilité dynastique et une véritable continuité dans l'incarnation de la Nation, de son Histoire et de ses valeurs partagées durant un millénaire, les prétentions de la Maison d'Orléans, s'appuyant sur un traité contestable et les 18 années de règne de Louis-Philippe, apparaissent réellement de peu de poids. Outre les arguments juridiques et historiques, les arguments moraux ne plaident pas non plus en faveur de la Maison d'Orléans, même si ses actuels représentants ne sauraient, bien entendu, être tenus responsables des actes de leurs ancêtres : doit-on rappeler que Philippe Egalité, père de Louis-Philippe Ier, seul souverain issu de la Maison d'Orléans, vota en faveur de la mort de son cousin, le Roi Louis XVI, alors qu'il pouvait, peut-être pas voter contre, mais du mois s'abstenir d'être présent au procès en s'absentant de Paris, comme le fit par exemple fort opportunément Georges Danton à compter du 30 novembre 1792 ? Ce mépris du caractère sacré de la vie de nos rois par un homme de leur sang rend l'accession de son fils au trône d'autant moins justifiable, d'autant que les questions morales ne s'arrêtent pas là. Comment justifier l'abandon du petit Roi Louis XVII, mort à la Tour de Temple ? Outre toute considération dynastique, ce n'était qu'un enfant... Comment oublier que Louis-Philippe Ier ne devint roi qu'en usurpant le pouvoir du Duc de Bordeaux – plus tard titré Comte de Chambord-, qui aurait dû devenir Roi de France sous le nom de Henri V après l'abdication de son grand-père, Charles X –cette abdication fut contresignée par le Dauphin Louis-Antoine, techniquement devenu Louis XIX le temps de parapher le document qui entérinait sa renonciation à la Couronne de France-, en sa faveur (son père ayant été assassiné quelques temps avant sa naissance), et dont il fit emprisonner la mère, la Duchesse de Berry, en 1832 ? Sans parler du détournement, avec la complicité de Talleyrand, d'une part non négligeable de la fortune de la branche aînée des Bourbons...

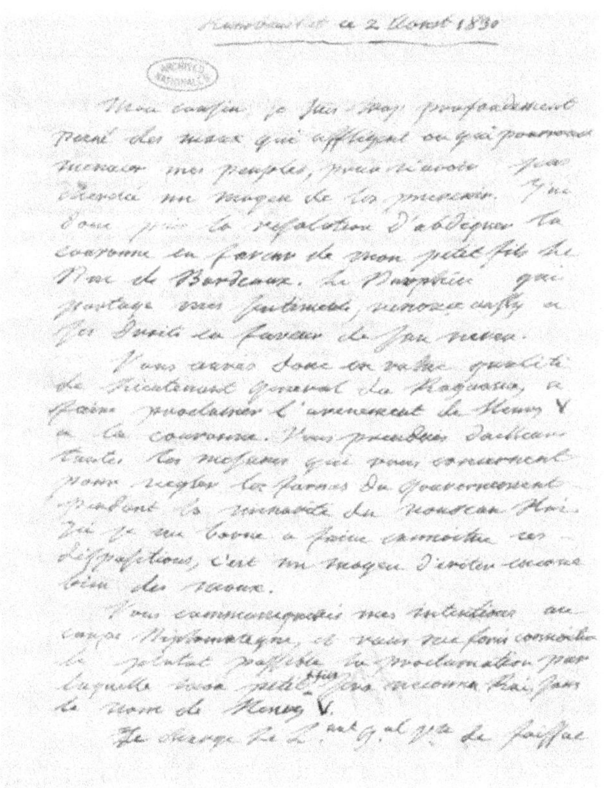

Lettre d'abdication du Roi Charles X en faveur de son petit-fils,
Henri, Duc de Bordeaux :
" Rambouillet, ce 2 août 1830.
Mon cousin,
Je suis trop profondément pénétré des maux qui affligent et qui pourraient menacer mes peuples pour n'avoir pas cherché un moyen de les prévenir. J'ai donc pris la résolution d'abdiquer la couronne en faveur de mon petit-fils le duc de Bordeaux.
Le dauphin, qui partage mes sentiments, renonce aussi à ses droits en faveur de son neveu.
Vous aurez, en votre qualité de lieutenant général du royaume, à faire proclamer l'avènement de Henri V à la Couronne. Vous prendrez d'ailleurs toutes les mesures qui vous concernent pour régler les formes du nouveau gouvernement pendant la minorité du nouveau roi. Ici je me borne à faire connaître ces dispositions ; c'est un moyen d'éviter encore bien des maux.
Vous communiquerez mes intentions au corps diplomatique et vous me ferez connaître le plus tôt possible la proclamation par laquelle mon petit-fils sera reconnu roi sous le nom de Henri V.
Je charge le lieutenant général vicomte de Foissac-Latour de vous remettre cette lettre. Il a ordre de s'entendre avec vous pour les arrangements à prendre en faveur des personnes qui m'ont accompagné, ainsi que pour les arrangements convenables pour ce qui me concerne et le reste de ma famille.
Nous réglerons ensuite les autres mesures qui seront la conséquence du changement de règne.
Je vous renouvelle, mon cousin, l'assurance des sentiments avec lesquels je suis votre affectionné cousin.
CHARLES »

C'est après le décès sans héritier du Comte de Chambord, jamais devenu Roi malgré l'abdication de son grand-père et de son oncle en sa faveur -puisque dépossédé de son trône par la Monarchie de Juillet, le Duc d'Orléans, pourtant nommé Lieutenant Général du Royaume par Charles X, s'étant empressé de se faire élire Roi de Français, sous le nom de Louis-Philippe Ier- que les monarchistes se divisèrent durablement entre légitimistes et orléanistes. La question de sa problématique successions avait été posée au Comte de Chambord, et avait répondu que son successeur dans la Couronne de France serait *«celui qui aura le droit.»*, réaffirmant ainsi la primauté des Lois Fondamentales dans la détermination de la ligne successorale. Il tenait donc à la loi traditionnelle de succession, et n'approuva pas ceux qui désignaient le Comte de Paris comme son successeur. Dans son testament, le Comte de Chambord ne mentionne d'ailleurs pas le Comte de Paris, et il lègue à un Bourbon d'Espagne, Juan de Borbón Braganza, Comte de Montizon, neveu du roi Ferdinand VII d'Espagne, ses archives, les colliers des ordres royaux et les étendards confiés en 1830 par Charles X. La Comtesse de Chambord suivit toujours la même ligne, s'opposant aux prétentions des Orléans et reconnaissant les droits des Bourbons d'Espagne.

Une partie des légitimistes refusa, à leur suite, de reconnaître comme prétendant légitime le prétendant orléaniste d'alors, Philippe d'Orléans (1838-1894), Comte de Paris, petit-fils du Roi Louis-Philippe Ier, et se déclara en faveur de la nouvelle branche aînée des Bourbons, la branche dite des «Bourbons d'Espagne», descendants du premier roi Bourbon sur le trône d'Espagne, Felipe V, fils du Grand Dauphin et petit-fils de Louis XIV. C'est Jean de Bourbon, Comte de Montizón (1822-1887), petit-fils du roi Carlos IV d'Espagne (1748-1818) et neveu du roi Ferdinand VII (1794-1833), qui devint ainsi l'héritier légitime de la Couronne de France. Depuis lors, les légitimistes reconnaissent l'aîné de cette branche comme héritier de France dans l'hypothèse d'une restauration monarchique. Il s'agit aujourd'hui de Louis de Bourbon, né Luis Alfonso de Borbón, Duc d'Anjou, Chef de la Maison de Bourbon.

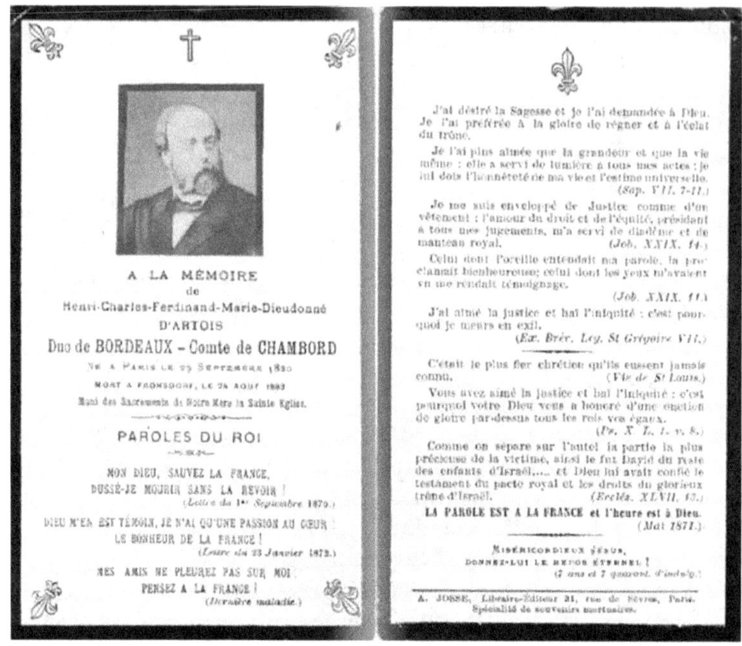

On doit cependant noter qu'au moment du décès du Comte de Chambord, une partie des anciens légitimistes rejoignit les rangs des orléanistes -même si la plupart des orléanistes avaient rallié la République- , et furent partisans, de 1830 à 1883, de la branche cadette d'Orléans. Leurs héritiers reconnaissent aujourd'hui les prétentions au trône d'Henri d'Orléans, l'actuel Comte de Paris, Chef de la Maison d'Orléans.

Pour clore le sujet de la Maison d'Orléans, ajoutons qu'elle se déchire actuellement, et depuis plus de trois décennies, quant à l'identité du successeur à la tête de cette Maison. Le premier prétendant orléaniste est Jean d'Orléans, né en 1965. Depuis la mort de son grand-père le Comte de Paris, il est, pour certains orléanistes, le Dauphin de France, conformément aux vœux de son aïeul. Cependant, d'autres estiment qu'il se présente comme l'héritier en lieu et place de son frère aîné, François d'Orléans, Comte de Clermont, né à Boulogne-Billancourt le 7 février 1961.Après son père, François devrait en théorie être, pour les orléanistes le Chef de la Maison Royale de France, mais il se trouve gravement handicapé à la suite de la toxoplasmose dont sa mère fut atteinte durant sa grossesse, tout comme sa sœur Blanche. Son frère cadet, Jean, Duc de Vendôme, devrait assurer de fait la régence de la fonction. C'est pour cette raison que leur grand-père, alors aîné des Orléans, décida, en 1984, d'écarter François de la ligne de succession au profit de son frère cadet, Jean, Duc de Vendôme. En 1999, quand Henri d'Orléans devint à son tour l'aîné des Orléans, il décida de revenir sur les dispositions de son père quant à la succession, rendant à son fils François ses droits dynastiques et faisant de Jean une sorte de futur régent pour son frère… ce qui ne semble nullement satisfaire ce dernier. La Maison d'Orléans, en manque d'antériorité historique solide pour régler ses affaires internes, ne saurait visiblement incarner la stabilité dont la France a besoin !

Revenons donc à la Maison de Bourbon, dont nous avons vu qu'elle est indéniablement, du point de vue juridique, historique, morale et humain, la seule et unique Maison de France, pour chercher à connaître un peu son chef, donc notre souverain putatif en cas de retour à la monarchie.

Monseigneur le Prince Louis de Bourbon est né à Madrid le 25 avril 1974. Aîné des Bourbons et Chef de la Maison de Bourbon, il est aussi l'aîné des Capétiens, en raison des liens de sang qui s'attachent à la succession entre les Capétiens directs et les Valois, en 1328, puis entre les Valois et les Bourbons, en 1589. Cela le rattache donc à une lignée royale qui siégea sur le Trône de France à partir de l'An 987, quand Hugues Capet devint roi, et dont il représente désormais la branche aînée. Quelle meilleur gage historique quand on recherche un souverain à même d'assurer stabilité, respect des valeurs communes et autorité morale ? Ce qui, bien entendu, serait le but premier de tout retour à la royauté : offrir à la Nation une personne et une lignée dans laquelle elle est incarnée, soucieuse, parce que durable et enracinée, des intérêts à long terme de notre pays et de nos concitoyens plutôt que des contingences de l'instant. Dans cette optique, la continuité dynastique n'a rien d'une option : elle est le fondement même de la démarche, et la raison pour laquelle le nouveau monarque pourrait acquérir d'emblée une légitimité en tant que lien moral, et être le symbole vivant de notre Histoire commune qui, pour lui, se confond avec celle de sa famille.

Si la France devait à nouveau se tourner vers la monarchie dans sa recherche de stabilité institutionnelle et de cohésion nationale, ce ne serait pas pour qu'un roi gouverne, au sens politique du terme : ce serait là, étymologiquement et constitutionnellement, le rôle du Gouvernement, tout comme il appartiendrait au Parlement de légiférer : tout comme dans les monarchies britanniques, d'Europe du Nord, ou encore en Espagne, le Roi, outre son rôle de représentation, incarnerait alors ce qui est pérenne, et les valeurs et la grandeur de la Nation française au sein de la civilisation européenne, laissant à d'autres, élus, la gestion des questions quotidiennes et la vision à court terme. Aucun Président de la République, surtout dans le temps court d'un quinquennat concomitant avec le temps législatif, n'aura jamais la possibilité de penser le long terme et d'incarner la France éternelle et ses valeurs immanentes ; un souverain issu de la dynastie de nos rois le peut, et le fait par son existence même.

Louis de Bourbon s'est d'ailleurs positionné à de nombreuses reprises, notamment dans un entretien à *Paris-Match* en date du 13 juin 2010, comme partisan d'une monarchie constitutionnelle : « *une monarchie constitutionnelle à l'espagnole, avec un roi qui fait office d'autorité morale, d'ambassadeur de son pays à l'étranger, garant de l'unité du pays, rappel de l'Histoire* ».

Louis de Bourbon est donc le second fils d'Alphonse de Bourbon, Duc de Cadix, Duc d'Anjou, et de son épouse Carmen Martínez-Bordiú y Franco -fille de Cristóbal Martínez-Bordiú, dixième Marquis de Villaverde, et de Carmen Franco y Polo, Duchesse de Franco, Grande d'Espagne. Il est considéré par les légitimistes, dès sa naissance, comme Fils de France, en tant que fils du Dauphin de France. Il est à noter que, par son ascendance maternelle, il est également l'arrière-petit-fils du Général Francisco Franco, qui dirigea l'État espagnol de 1939 à 1975, ainsi que l'arrière-petit-fils du roi Alphonse XIII d'Espagne, et le cousin issu de germain du Roi Felipe VI.

Lorsque ses parents se séparent, en 1979, puis divorcent civilement, en 1983, son frère et lui se voient confiés à leur père par les tribunaux. Le mariage sera déclaré nul par le tribunal ecclésiastique de la Rote madrilène en 1986. Ils suivent leurs études au Lycée Français de Madrid, et font ensemble leur première communion en mai 1983, des mains de l'archevêque de Tolède et primat d'Espagne, Monseigneur Marcelo Gonzales. Le 5 février 1984, revenant de ski avec son père, son aîné et leur gouvernante, ils subissent un très grave accident de voiture. Ils sont hospitalisés à Pampelune, où le prince François de Bourbon décède le 7 février, Louis-Alphonse devenant dès lors, pour les légitimistes, Dauphin de France.

En 1987, à l'occasion du Millénaire Capétien, il accompagne son père lors d'un tour de France de commémorations, et est fait Chevalier du Saint-Esprit l'année suivante. Ces commémorations font suite à l'invitation d'une bonne centaine de maires et autres autorités publiques françaises, qui souhaitent associer l'aîné des Capétiens à la célébration du Millénaire. L'évidence de la continuité dynastique, à travers dix siècles d'Histoire, transcende ici clairement les soubresauts de celle-ci.

Le 21 décembre 1988, la Première Chambre du Tribunal de Grande Instance de Paris juge irrecevable la demande de leur cousin, Henri d'Orléans, de leur faire interdire l'usage du titre de Duc d'Anjou et le port des pleines armes de France : *« Sur la question du titre, le Tribunal a décidé que M. d'Orléans, ne justifiant d'aucune collation au titre de Duc d'Anjou à un de ses ancêtres, de sa transmission et de son investiture, était irrecevable à agir en usurpation de titre. Sur la question des armoiries, le tribunal a rappelé qu'elles sont un accessoire du nom, qu'elles en sont indissociables et que, selon la coutume, les aînés portent les armes pleines »*, spécifiant *«que selon les anciennes coutumes, les armes pleines étaient réservées aux aînés, les cadets devant introduire une brisure dans leur blason ; qu'ainsi, les princes de la Maison d'Orléans, branche cadette des Bourbons, portaient, y compris le roi Louis-Philippe, les armes des Bourbons avec un lambel d'argent »* . La Justice française elle-même s'est donc prononcée sans la moindre ambiguïté sur l'aînesse dans la lignée royale et la légitimité de la Maison de Bourbon par rapport à celle d'Orléans dans le port des armes familiales. Henri d'Orléans a également été débouté, le 29 mars 2000, dans une requête présentée près le Tribunal de Grande Instance de Paris afin de prendre comme patronyme celui de Bourbon et d'abandonner celui d'Orléans, refus confirmé le 1er février 2001 par un arrêt de la Première Chambre de la Cour d'Appel de Paris, arrêt lui-même entériné le 30 septembre 2003 par la Cour de Cassation.

Le 30 janvier 1989, Alphonse de Bourbon trouve la mort dans un accident de ski aux États-Unis ; son fils, âgé de 14 ans, est, dès lors, Chef de la Maison de Bourbon, aîné des Capétiens et héritier du Trône de France en vertu des Lois Fondamentales du Royaume de France, sous le nom de Louis XX. Il relève le titre de Duc d'Anjou, précédemment porté par feu son père, et prend le prénom usuel de Louis. Bien des événements et éléments illustrent la large reconnaissance dont il jouit en tant qu'aîné des Capétiens et descendant de nos rois. On peut notamment citer le fait que, le 25 août 1992, jour de la Saint-Louis, Louis de Bourbon est fait citoyen d'honneur de la ville d'Aigues-Mortes. Il est par ailleurs, depuis le 16 juin 1994, membre titulaire de la Société des Cincinnati de France, où il représente Louis XVI qui, par son aide militaire, avait contribué à l'indépendance des États-Unis ; il est en effet, conformément aux statuts de cette société, l'aîné des collatéraux en ligne masculine du défunt roi.

Louis de Bourbon rappelle clairement, à l'occasion du vingtième anniversaire de la mort de son père, le 30 janvier 2009, qu'il n'est pas un simple prétendant parmi d'autre, mais bel et bien le légitime héritier du Trône de France si celui-ci venait à être rétabli : *« Comme le disait mon père, je ne prétends à rien, je suis le Chef de la Maison de Bourbon en tant qu'aîné des Capétiens et des descendants de nos rois »*. L'année suivante, il collabore avec le Président Nicolas Sarkozy pour la réinhumation de la tête du roi Henri IV dans la nécropole royale de la Basilique Saint-Denis, initialement prévue pour mai 2012. Cependant, la controverse autour de la relique et la campagne présidentielle repoussent la date de la célébration, et le projet est ensuite abandonné par François Hollande, philosophiquement moins attaché à de tels symboles historiques.

Pour mémoire, les sépultures de la nécropole royale de Saint-Denis avaient été profanées en 1793, et le corps d'Henri IV versé à la fosse commune après deux jours d'exposition ; les dépouilles royales sont réhinumées en 1817, mais ce n'est qu'en 1925 que réapparait le crâne momifié attribué à Henri IV, dont l'authenticité, avérée pour les historiens, est mise en doute par d'autres scientifiques, notamment des spécialistes de l'ADN, que se basent sur la non-conformité avec l'ADN en lignée patrilinéaire de Louis XVI. Ce n'est cependant pas un vecteur fiable pour rejeter formellement l'identification de la tête d'Henri IV : n'oublions pas qu'il est fort probable que les enfants d'Anne d'Autriche, Louis XIV et Philippe d'Orléans, n'aient pas pour père Louis XIII, leur géniteur putatif et officiel, mais le Cardinal de Mazarin… auquel cas la non-concordance ADN entre Henri IV et Louis XVI tombe sous le sens. La relique royale, non réinhumée à ce jour, est donc conservée par Louis de Bourbon dans un coffre-fort d'une banque parisienne.

Le 25 août 2014, Louis de Bourbon se voit remettre les clés de la ville de Saint-Louis, dans le Missouri et, le 8 octobre 2016, il assiste à la mise en place d'une plaque commémorative de l'ensemble des rois sacrés à Reims en présence de Monseigneur Thierry Jordan, archevêque de Reims, et du maire de la ville, Arnaud Robinet, pour fêter les 1200 ans du premier sacre : en France comme à l'étranger, il est ainsi indéniablement le représentant évident pour toute commémoration mettant à l'honneur les Capétiens, dont il est l'aîné des descendants. Les prétentions orléanistes sont, on le voit, de peu de poids en dehors du cercle restreint de leurs partisans : il n'y a pas « d'évidence orléaniste » ; il y a une évidence Louis de Bourbon.

Il serait faux d'imaginer Louis de Bourbon comme un homme concentré exclusivement sur ses prétentions dynastiques et détaché des préoccupations de ses contemporains : comme le montre son parcours, c'est un professionnel de la finance, ainsi qu'un sportif accompli. Ainsi, après son baccalauréat, obtenu au lycée français de Madrid, il poursuit des études universitaires en sciences économiques et financières, et obtient un master en finances au Collège Universitaire d'Etudes Financières de Madrid. Il obtient également une maîtrise en administration des affaires à l'Institut d'Etudes Supérieures de Commerce de Madrid. Louis de Bourbon souhaite effectuer son service militaire en France, ce qui lui est refusé –cadeau des Orléans aux Bourbons : durant la Monarchie de Juillet, la loi d'exil du 10 avril 1832 les condamne au bannissement perpétuel ainsi qu'à la déchéance de leurs droits civils, ce qui interdit de fait de servir dans l'Armée française- ; comme son père avant lui, il intègre donc l'Armée de l'Air espagnole en décembre 1998, sur la base d'hélicoptères d'Armilla, où il suit une formation militaire. Il émet ensuite, en vain, le vœu de compléter sa formation par un passage dans la Marine française. Louis de Bourbon travaille trois ans pour la banque BNP Paribas à Madrid, puis devient vice-président international de la banque vénézuélienne Banco Occidental de Descuento. Il parle couramment plusieurs langues, dont évidemment le Français, et pratique plusieurs disciplines sportives, comme l'équitation, la course à pied, le hockey sur glace, la natation, ou encore le polo.

Le 5 novembre 2004, Louis de Bourbon épouse civilement à Caracas, au Venezuela, María Margarita Vargas Santaella, fille de l'homme d'affaires Víctor Vargas. La cérémonie religieuse a lieu le lendemain en République Dominicaine. Il porte, pour cette occasion l'uniforme de Bailli Grand-Croix de Dévotion de l'Ordre Souverain de Malte et le Grand Cordon et la plaque de l'Ordre du Saint-Esprit, dont il est le dix-neuvième Souverain Grand-Maître. Après avoir vécu à Caracas puis à New York, le couple à Madrid.

Eugénie de Bourbon nait le 5 mars 2007 à Miami, aux Etats-Unis ; elle est Eugénie de France pour les Légitimistes en tant que Fille de France. Il est intéressant de noter que, dans l'hypothèse d'un rétablissement de la monarchie qui reviendrait sur le petit arrangement historique que constitue la Loi Salique de primogéniture des mâles, comme nous l'avons vu plus haut, l'ordre de de succession se trouverait affecté dès la première génération, puisque Eugénie de Bourbon est l'aînée de ses deux frères. On pourrait y voir un gage bienvenu de modernité et en faveur de l'égalité hommes/femmes ; il n'est cependant pas impossible que Louis de Bourbon fasse preuve de conservatisme sur le sujet, refusant la primogéniture simple. Une loi de succession royale attribuant la succession royale aux filles en l'absence de descendance directe masculine pourrait alors constituer une solution moyenne, n'introduisant pas de changements dynastiques immédiats, sans toutefois écarter complètement les femmes du trône ou de sa transmission.

Les deux fils jumeaux de Louis de Bourbon et de son épouse Maria Margarita sont nés le 28 mai 2010 à New York, et sont prénommés Louis de Bourbon -Louis de France en tant que Fils de France, titré dès sa naissance Dauphin de France et Duc de Bourgogne par son père- et Alphonse de Bourbon - Alphonse de France en tant que Fils de France, titré pour sa part Duc de Berry.

Après ces considérations de continuité dynastique, d'ores et déjà bien assurée quelle que soit la loi successorale retenue en cas de rétablissement de la monarchie en France, il reste un mot à dire sur les positions souvent conservatrices de Louis de Bourbon, notamment sur les sujets de société. A titre d'exemple, le 8 janvier 2013, il s'exprime publiquement contre le projet de loi introduisant le mariage homosexuel en France, et réitèrera son soutien au mouvement issu de la contestation de cette loi dans un entretien accordé au Mouvement Catholique des Familles en décembre de la même année. De même, le 25 janvier 2014, au terme d'une cérémonie d'hommage au roi Louis XVI, il prononce un discours où il déclare son soutien au projet de loi restreignant le droit à l'avortement en Espagne, qu'il salue comme un changement législatif positif et majeur. Le conservatisme de Louis de Bourbon sur les sujets sociétaux est donc indéniable, mais il est largement issu de son attachement, lui aussi maintes fois affirmé, aux racines chrétiennes de notre pays ; par ailleurs, un roi étant censé incarner la stabilité et les valeurs éternelles de notre pays, peut-on reprocher à celui qui pourrait le devenir de porter une vision plutôt traditionnelle de notre société ? Les évolutions ne seront pas directement son affaire, mais celle du corps législatif, et s'il vient parfois nuancer le débat de quelques réserves éthiques, peut-être cela permettra-t-il à tous la prise de recul nécessaire sur certains sujets sensibles ? Une prise de recul que le récent renouvellement massif dans les rangs de l'Assemblée Nationale pourrait d'ailleurs faire apparaître plus salutaire et pertinente que jamais...

Chapitre 4
A la recherche du sentiment d'appartenance perdu

Voici plus de vingt-six siècles, Lao Tseu enseignait que *« lorsque la crainte ne veille pas, il arrive ce qui était à craindre »*. Le débat, redevenu central depuis quelques mois autour de l'assimilation ou l'intégration, voire parfois même l'inclusion, dépasse largement la question sémantique, et illustre cette crainte perdue pour l'intégrité de notre identité commune, dont elle subit aujourd'hui de plein fouet les conséquences, et les Français avec elle, ainsi que l'image internationale de la France.

Pour bien comprendre l'enjeu de ce débat, qui relève beaucoup plus du projet de société que de la terminologie, il faut d'abord souligner que ceux qui présentent la France comme une éternelle terre d'accueil, à l'identité composite, ont à la fois raison et tort. Raison dans la mesure où, de la haute antiquité à nos jours, des flux de populations ont traversé notre territoire, parfois s'y sont établis, et ont apporté une contribution à sa culture, parfois à ses sciences et techniques –comme ce fut le cas de l'usage du fer par les représentants de la civilisation de Hallstatt- et à la construction de son Histoire collective. Tort si l'on considère que les apports de populations nouvelles, contrairement à ce qu'ont longtemps cru les historiens, à qui l'archéologie et la génétique ont depuis permis d'affiner leurs analyses, ont de tous temps été numériquement très limités, y compris en ce qui concerne les Grandes Invasions, consécutives à la chute de l'Empire Romain, dont on sait qu'elles se traduisirent par l'arrivée de quelques milliers de personnes seulement sur une durée assez longue, et donc par des effets limités sur la structure de la population de notre territoire et son organisation sociale. En fait, hors quelques innovations jugées utiles et bientôt adoptées, ce furent, en cette circonstance comme dans d'autres ultérieures, les envahisseurs qui furent assimilés à la population locale, à sa culture et à ses modes de vie. Tort aussi parce que les arrivées de nouvelles populations sur notre sol furent fort rares du XVème au XIXème siècle parce que la France, pays de loin le plus peuplé d'Europe avec ses 20 millions d'habitants, n'apparaissait pas comme une terre d'accueil, et ne se considérait pas comme telle. Tort, enfin, parce que les populations qui arrivaient en France furent, jusqu'à une période récente, presque exclusivement européenne, et donc en provenance d'une même aire culturelle : au recensement général de 1881, on dénombrait ainsi moins de 900 personnes d'origine africaine établies sur notre sol, et à peine plus d'asiatiques.

Il semble important de rentrer un peu plus dans le détail de la manière dont s'est peuplé notre pays pour parler avec exactitude de notre identité commune et des valeurs fondatrice de la Nation française. Lors de la chute de l'Empire Romain d'Occident, en l'An 476, la population de la Gaule, alors plus étendue que la France actuelle, est évaluée à huit millions d'habitants –l'Empire, dans sa totalité, en comptait alors environ vingt-sept millions. Si, dans les siècles précédents, la présence romaine y est nettement attestée, elle n'a en rien été une colonisation de peuplement ; mis à part quelques centre urbains, comme Marseille, dont la population s'estimait gallo-romaine, le territoire était peuplé, dans son écrasante majorité, de Gaulois, c'est-à-dire, sur le plan ethnique, de Celtes –proches de leurs voisins Germains, à tel point que certaines études les englobent parfois sous un nom unique. La Loi de Valentinien Ier, promulguée en l'An 370, montre d'ailleurs à quel point l'idée d'une colonisation de peuplement, ou de voir des Romains faire souche, était opposé à la volonté impériale : "*Aucun provincial, quel que soit son rang ou son pays, ne doit s'unir à une épouse barbare. Aucune provinciale ne doit s'unir à un gentil (soldat germanique). Si de telles unions se nouent entre provinciaux et gentils, la peine de mort fera expier ce qu'il y a là de suspect et de dangereux*". La Gaule, pour l'Empire, était avant tout un grenier à blé –pas autant que l'Egypte, centre névralgique des approvisionnements, mais un grenier à blé tout de même- et une source d'impôts et d'innovations technologiques. Rappelons, par exemple, que c'est auprès des Gaulois que le Romains découvrirent le savon, fait de cendres et de graisse, ou encore le tonneau, tellement plus pratique que l'amphore pour transporter bière et vin sur de longues distances, car infiniment plus stable.

Si la romanisation de la Gaule est un fait qu'on ne saurait nier, il est tout aussi certain que cette romanisation fut politique, institutionnelle, parfois organisationnelle, mais en aucun cas ethnique. Quand les Gaulois purent, vers la fin de l'Empire, se prévaloir de la qualité de Romain, cela ne traduisait en rien une évolution structurelle des populations, mais seulement la nécessité à laquelle furent confrontés les empereurs successifs d'étendre à de nouvelles populations le champ de la citoyenneté afin de recruter de nouveaux légionnaires pour défendre le *limes* (les frontières de l'Empire). Et encore ! L'indéniable romanisation de la Gaule n'affecta principalement que les grands centres urbains, qui ne représentaient qu'une infime partie du territoire et de la population, comme le démontre le temps très long qui fut nécessaire pour que le christianisme, attaché aux pas de l'Empire, ne supplante les traditions celtes dans les campagnes gauloises – et il fallut pour cela pratiquer un fort syncrétisme local, consacrant à des saints des fontaines jadis dédiées à des divinités gauloises pour qu'elles demeurent un lieu de pèlerinage et de miracles.

Il fallut aussi tenir compte du calendrier, pour que les jours des célébrations vernaculaires demeurent des moments de liesse incluant les mêmes symboles ; ainsi, chaque début février, les populations locales finirent par s'habituer à célébrer la Chandeleur –fête des chandelles- à une date proche de celle où jadis, le 1er février, elles brûlaient huit chandelles en hommage à la Déesse Brigit. C'est aussi au début de la conquête de la Gaule par Jules César que s'implanta au Sud de Lugdunum (Lyon) une petite communauté juive, qui connut une belle postérité puisqu'au moment de la constitution du Royaume des Francs, elle était devenue la plus importante d'Europe –ce qui explique en quoi notre pays, majoritairement de tradition chrétienne, est aussi fondamentalement, depuis les origines, de culture judéo-chrétienne, et attache une valeur particulière à ce double héritage.

Au moment où survinrent ce qu'il est convenu d'appeler les « grandes invasions germaniques », la Gaule est donc la partie la plus peuplée de l'Empire, mais elle l'est de façon très disparate, et l'espérance de vie à la naissance n'est que de 27 ans –la moitié de la population décédant avant l'âge de vingt ans. Ces quelque huit millions de Gaulois virent ainsi s'établir en Aquitaine et en Narbonnaise environ 100 000 Wisigoths, dont 20% de guerriers, un peu moins de 80 000 Burgondes en Savoie, près de 100 000 Francs sur le territoire de l'actuelle Belgique, autant d'Ostrogoths dans le Sud-Est du pays et 15 000 Alains vers Orléans. On peut négliger de mentionner les Vandales qui, s'ils pénétrèrent bien sur le territoire Gaulois, ne firent qu'y passer sur la route de Gibraltar et du nord de l'Afrique. Au total, les implantations de populations germaniques en Gaule ne purent donc guère concerner plus de 400 000 personnes sur une période de plusieurs siècles, dont moins d'un quart de guerriers, et outre une partie de leurs techniques, notamment métallurgiques, qui vinrent enrichir les technologies locales, ce furent les nouveaux arrivants qui se fondirent progressivement dans une société déjà nombreuse et structurée, et en adoptèrent les us et coutumes. Quant aux 50 000 guerriers Huns qui pénétrèrent un peu plus tard sur notre territoire, s'ils furent source de pillages et de troubles divers, ils n'eurent pas la moindre influence structurante sur le peuplement, ayant été rapidement refoulés sans avoir eu le temps de faire souche.

Certes, on ne peut nier que de ces 4 à 5% de populations germaniques, sont issues les familles qui formèrent la plus grande partie de la noblesse d'épée de notre Haut Moyen Age, mais cela prouve essentiellement la continuité parmi eux de lignées de tradition guerrière –courante parmi tous les peuples dans l'époque troublée qui fit suite à la chute de l'Empire Romain d'Occident : si on possédait assez d'or pour avoir des armes, on en avait, et on apprenait à ses fils à s'en servir pour assurer la survie des siens-, et l'heureuse concomitance d'un sens politique au sein de certaines d'entre elles, comme les Francs Saliens, que nous avons largement évoqués au chapitre précédent, puisqu'on s'appuya sur une interprétation tendancieuse de leur loi pour écarter Jeanne de Navarre, la fille, supposément illégitime, de Marguerite de Bourgogne, de la succession de Louis X le Hutin. C'est donc dans la foulée de la chute de l'Empire et de ce faible apport germanique qu'accédèrent successivement au pouvoir les dynasties Mérovingienne, Carolingienne, puis Capétienne, et que se forgea notre identité nationale, déjà parfaitement définie et affirmée bien avant la fin du premier millénaire de l'Ere Chrétienne. Cette identité commune s'est perpétuée jusqu'à nos jours, à travers les âges, les régimes politiques et les soubresauts de l'Histoire, s'appuyant sur une terre ancestrale, une mémoire commune, des us et coutumes partagés, et une même vision du monde et de la place que la France peut et doit y tenir.

D'un point de vu ethnique –même si ce genre d'approche est actuellement fort peu abordé, voire consciencieusement découragé- la population française est donc celto-latino-germanique, de même qu'elle est culturellement attachée au droit romain, à la philosophie grecque, à la dynamique de société des celtes, et à la spiritualité judéo-chrétienne. Cet ensemble, qui trouve toute ses racines sur le continent européen, définit et résume les fondements de l'identité française, et est le creuset de ce qui a pu y germer par la suite, que ce soit du point de vu culturelle et artistique, en termes de mode de vie, ou de mouvements de pensée ayant conservé une dimension fondatrice, comme l'esprit des Lumières, qui eut les retentissements politiques que l'on sait, et ce bien au-delà de nos frontières. On doit encore y inclure, depuis l'An 911, un léger apport nordique, puisque, par le Traité de Saint-Clair-sur-Epte, Charles III le Simple, Roi de France, autorisa les Vikings de Rollon à s'installer en Normandie en échange de leur allégeance... Ce furent donc, là aussi, des populations indo-européennes qui firent souche, adoptant rapidement les us et coutumes de leur terre d'accueil et la religion chrétienne, déjà élément structurant de la société française en ce Xème siècle. Le fait que notre langue soit latine a souvent conduit à classer abusivement les Français parmi les peuples latins ; pourtant, l'Histoire et la génétique conduisent à réviser ce préjugé pour constater que notre population est demeurée fondamentalement celte, et que ni l'Empire, ni les « grandes invasions » -au final pas si massives que ne l'a laissé penser l'imaginaire collectif-, n'ont eu d'incidence déterminante en matière de peuplement.

Comme nous l'avons déjà évoqué, dans le millénaire qui suivit le Traité de Saint-Clair-sur-Epte, et en particulier du XVème au XIXème siècle, la France, pays le plus peuplé d'Europe, ne fut jamais, et n'aspira jamais à être, une terre d'immigration. Les apports de populations étrangères y furent donc fort rares, et presque exclusivement en provenance de pays européens, en particulier de pays voisins. Rien qui puisse remettre en cause l'identité partagée ou le sentiment d'appartenance ! Notons, d'ailleurs, qu'à cette période, les guerres fréquentes entre les royaumes d'Europe ne garantissaient guère un accueil chaleureux quand on s'implantait à l'étranger, et des contrôles aux frontières particulièrement vigilants. Bien peu furent donc tentés, et encore moins à même de mener à bien, une aventure migratoire intracontinentale ! A l'orée du XXème siècle encore, les populations des différents Etats européens présentaient donc une remarquable homogénéité génétique, les pays celtes étant majoritairement peuplés de Celtes, les pays germaniques de Germains, l'Italie de descendants des Romains et des Etrusques, les pays slaves de Slaves, etc...

A partir de la fin de la Première Guerre Mondiale, les flux

migratoires s'amplifient légèrement, et on constate de légers apports allogènes de populations d'origine européenne (Italiens, Russes, Polonais, Espagnols et Portugais, principalement) – populations souvent elles-mêmes porteuses de plus ou moins de gènes celtes et germaniques depuis l'époque des « grandes invasions » : Celtes, Ostrogoths et Lombards pour les Italiens, Celtes et Wisigoths pour les Espagnols et les Portugais, par exemple-, donc culturellement et spirituellement proche de la population vernaculaire, avec qui ils partagent des aspirations communes, en particulier la fierté d'appartenir à un projet commun, appuyé sur une Histoire commune, qui se nomme la France. Durant ces décennies qui vont de 1920 à 1960, les apports de populations extra-européennes demeurèrent tout à fait marginaux et, en tout état de cause, trop faibles pour remettre en cause l'homogénéité de la société française et la nécessité de l'assimilation pour vivre durablement sur notre territoire, et à plus forte raison pour obtenir la nationalité française. S'identifier à la nouvelle Patrie et à la Nation d'accueil, c'est le passage obligé pour une bonne acceptation et une pleine citoyenneté. C'est quand on renonce à cette exigence fondamentale que l'alchimie n'opère plus et que le sentiment national est fragilisé, non seulement chez les nouveaux arrivants, mais également dans les populations locales, abusivement qualifiées de racistes ou d'intolérantes dès lors qu'elles défendent et revendiquent la valeur et la cohérence de leur identité commune.

Dans le contexte de flux de populations rares qui prévalut jusqu'aux années 1960, et provenant dans une écrasante majorité de la même aire culturelle –celle de la civilisation européenne, caractérisée par ses racines judéo-chrétiennes, gréco-romaines et mâtinées d'influences celtes-, l'assimilation des nouveaux arrivants dans le creuset de la Nation et de son identité commune était, au final, logique et facile, comme une évidence. S'établir en France signifiait très logiquement devenir Français en adoptant la langue, les valeurs, les modes de vie et l'Histoire commune qui forgent le sentiment d'appartenance à la communauté nationale. Et en être fier. N'oublions pas que devenir Français a longtemps été vécu comme une chance et comme un honneur par les populations qui y aspiraient, et que le terme d'assimilation ne leur posait pas le moindre problème, puisqu'elles souhaitaient devenir partie intégrante de la Nation française, et en témoignaient notamment en donnant à leurs enfants nés sur notre sol des prénoms français dès la première génération. Il n'était en rien question, alors, de communautarisme ou de revendications identitaires minoritaires, puisque la volonté partagée était de devenir partie intégrante de la Nation française, ainsi assurée de demeurer « Une et Indivisible », comme l'avaient voulu les Constituants de 1789, malgré l'arrivée de nouvelles populations. Face à ce paradigme, le patriotisme, la fierté d'appartenir à une culture ressentie à travers le monde comme un phare de la pensée humaine, étaient des sentiments naturels, très largement partagés, et fortement portés par l'Ecole de la République.

Le passage d'une culture de l'assimilation à une culture de l'intégration, qui pousse à admettre, voire à favoriser, les spécificités, même les plus contraires aux us et coutumes nationales, s'est fait dans un état d'esprit qui a malheureusement impliqué une volonté politique de nuancer, dans la psyché collective, la fierté d'être Français, en particulier en insistant de manière de plus en plus sensible sur la repentance du colonialisme, jusqu'à faire reculer l'idée même de patriotisme et d'amour de la France, non seulement chez ceux qui aspiraient à devenir membres de la communauté nationale, mais également chez une large part de la population française d'origine. Il suffit, pour le constater, de voir combien peu de foyers français possédaient le drapeau national quand il fut question de pavoiser les fenêtres pour rendre hommage aux victimes du Bataclan. Et de comparer avec la proportion de foyers américains qui arborent fièrement la bannière étoilée chaque 4 juillet ! Ou d'entendre Emmanuel Macron, alors candidat à l'élection présidentielle de 2017, affirmer qu'à ses yeux, *« il n'y a pas de culture française »* ! Pour conduire la population à renoncer à l'exigence d'assimilation pour accepter le compromis de l'intégration, il faut d'abord lui faire perdre, peu ou prou, la conscience de sa spécificité en tant que Nation, et celle de son apport particulier à la pensée humaine. Le regretter ne relève pas du souhait d'établir une hiérarchie entre les cultures à travers le globe, mais simplement de celui de garder la capacité à affirmer que notre culture a toute légitimité à être celle qui s'exprime pleinement, entièrement, librement et préférentiellement sur notre sol.

Avant d'approfondir ce renoncement induit, voire parfois imposé, à la fierté liée à l'identité française, il est légitime de s'interroger pour savoir s'il y eu un signal précurseur du fait que notre modèle assimilateur, longtemps efficace et fonctionnel, pourrait trouver ses limites dès lors que la problématique franchirait les frontières de notre aire culturelle. Ce signal, qui fut largement sous-estimé faute d'être analysé sous cet angle, est le décret Crémieux (136) qui, le 24 octobre1870, attribua automatiquement aux juifs d'Algérie la nationalité française. Le point intéressant est qu'alors que les citoyens juifs d'Algérie, se sentant proche de notre culture française, baignée de racines judéo-chrétiennes depuis plus de seize siècles, furent ravis de rejoindre notre communauté nationale, les musulmans d'Algérie, à qui la même proposition avait été faite, préférèrent massivement demeurer sous le régime de l'indigénat, par refus de l'assimilation à la Nation française, à sa culture et à ses us et coutumes. Un décret spécifique, le décret 137, permit de traiter au cas par cas les demandes de naturalisation de musulmans d'Algérie âgés de plus de 21 ans, mais il n'en fut fait que très peu d'usage au regard du nombre de bénéficiaires potentiels. Les constats qui auraient pu en être tirés sur les limites de l'assimilation et les conséquences à envisager ou non, ne furent alors pas même formulés : on y vit tout au plus la preuve que l'acquisition de la nationalité française resterait éternellement une question ne concernant, dans leur écrasante majorité, que des personnes se reconnaissant dans notre culture et nos valeurs communes, ce qui sembla au demeurant plutôt logique à tous à une époque où le multiculturalisme n'était pas même un concept, et où l'adhésion totale à tous les aspects de la culture française, de ses valeurs, de son Histoire et de ses mœurs, semblait une condition indispensable de l'appartenance à la communauté nationale. Quand on passera de cette obligation d'assimilation à une notion, somme toute optionnelle car largement indéfinie, d'intégration, obtenir la nationalité française cessera de se traduire systématiquement par un sentiment d'appartenance à la Nation et par le fait de le manifester dans son comportement extérieur.

Lorsqu'on entre dans une réflexion sur l'assimilation et l'intégration, ceux qui le refusent trouvent généralement commode de faire remarquer que ces aires de civilisation dont il est question impliquent un regard différent sur les personnes originaires d'un autre continent, et que cela ressemble fort à du racisme. Pourtant, la France n'est pas raciste, et ne pourrait jamais l'être, car son Histoire l'en empêche indéniablement : il suffit de se souvenir que la Martinique fut française dès 1635, bien avant la Corse (1768) ou la Savoie (1860). Mais la Martinique adopta le modèle culturel de la métropole, tout en l'enrichissant localement de ses spécificités, ce qui est la définition même de l'assimilation, dans laquelle la France accepte volontiers de s'enrichir de l'apport de ses nouveaux citoyens sous la réserve impérative que cela ne change pas la perception des Français ou la définition du fait d'être Français – sous la réserve impérative de préserver l'intégrité de l'identité nationale. Celui qui demande et obtient sa naturalisation a l'obligation, autant que tout autre citoyen, et peut-être même un peu plus, d'être, dans l'espace public et dans le respect des lois, l'illustration presque archétypale du Français. Le reste, la culture d'origine, peut être une richesse personnelle ou une sorte de madeleine de Proust, mais strictement réservée à l'espace privé. Le racisme naît quand on n'assimile pas, et plus encore quand on a tellement dilué l'identité nationale dans un paradigme multiculturaliste où « tout vaut tout » que l'on ne sait même plus dire clairement aux nouveaux venus à quoi ils doivent s'assimiler et quelles sont les règles incontournables dans l'espace public. La petite différence, qui peut être sympathique et exotique chez de nouveaux arrivants respectueux du pays qui les accueille et désireux d'en devenir des citoyens culturellement compatibles avec l'ensemble de la communauté nationale, devient vite un problème et une source majeure de tensions quand elle se fait revendication virulente, et plus encore quand cette revendication est ressentie comme idéologique. De ce point de vue, ceux qui évoquent l'Islam politique ne craignent pas le pléonasme : tout autant que religieux, l'Islam est politique quand il n'est pas guerrier, et sa vitrine politique ne fait en réalité qu'utiliser sans même toujours y croire nos propres principes de tolérance et de laïcité pour prendre un poids dominant dans la détermination de nouvelles normes sociales, qui n'auront alors plus grand'chose à voir avec notre identité millénaire et nos aspirations fondamentales !

Quand on ne parle plus que d'intégration, on allège ou on détruit l'obligation de se fondre dans la communauté nationale, en sous-entendant non seulement que toutes les cultures et toutes les mœurs valent les nôtres, mais aussi, corollairement, qu'elles doivent légitiment disposer du même droit à s'exprimer dans l'espace public sur notre territoire. C'est cela qui crée un sentiment de malaise, car de nombreux Français d'origine se sentent dépossédés de leur territoire et du sentiment d'être en France quand ils croisent des musulmans effectuant des prières de rue, des femmes voilées ou portant un burkini sur la plage. Ce sentiment de dépossession est également présent quand l'Ecole de la République se refuse à servir des plats traditionnels comme le petit salé aux lentilles parce que les élèves de confession musulmane n'en mangent pas ; il y a toujours eu des élèves ne consommant pas tel ou tel plat pour des raisons religieuses, philosophiques ou d'allergie, mais c'est la première fois, et au nom d'une culture dont le lien avec l'Histoire de France est des plus ténus, qui plus est, que l'on oblige la majorité à se soumettre au régime d'une minorité sous le prétexte, différemment exprimé, mais se résumant au final aux « accommodements raisonnables » chers à Alain Juppé.

C'est bien là tout l'enjeu de ce débat : tant qu'on est dans une logique d'assimilation, c'est au nouvel arrivant de s'accommoder des règles en vigueur dans le pays d'accueil, car c'est la condition même de cet accueil. Dès lors qu'on parle d'intégration, toute logique d'acculturation est abandonnée, et l'on se met, dans le meilleur des cas, à estimer que les concessions doivent être mutuelles pour favoriser ce « vivre-ensemble » objectivement difficile à faire perdurer lorsqu'on ne cesse de favoriser les différences, et donc les communautarismes, au détriment de la culture vernaculaire. Une des meilleures illustrations de la démagogie du discours consistant à accepter tous les débordements au nom de la tolérance envers les cultures étrangères a été donnée au mois d'octobre 2016 par Fabienne Buccio, Préfète du Pas-de-Calais qui, face aux nombreux incendies volontaires déclenchés lors de l'évacuation de la Jungle –vaste campement de migrants-, a déclaré qu'ils n'étaient pas malveillants, mais une inoffensive coutume des populations nomades *: "Il y a une tradition chez les migrants : quand ils s'en vont, ils brûlent leur tente ou leur cabane. On leur a dit qu'il valait mieux ne pas le faire. Il y en a encore quelques-uns qui le font, mais beaucoup moins que pendant le démantèlement de la zone sud".* C'est donc la représentante de l'Etat qui justifie, au nom du respect des traditions des nouveaux arrivants, des actes pénalement répréhensibles dans notre pays, accroissant ainsi mathématiquement le sentiment de rejet vis-à-vis de populations étrangères que l'on autorise à déroger à nos règles, et qui les respecteront d'autant moins qu'on ne l'exige pas de leur part. Le refus de s'assimiler a tendance à persister quand il est toléré, plus encore quand il est ipso facto encouragé, et ce sont paradoxalement ceux qui le déplorent et le dénoncent qui sont qualifiés de racistes, alors qu'ils prônent un respect de notre pays, de ses lois, de ses mœurs et de sa culture, qui est dans l'intérêt de tous. Si certaines populations aspirent à venir en France, c'est parce que notre pays leur semble véhiculer des valeurs, un mode de vie et un système économique et social préférable, plus stable et plus sécuritaire que celui de leurs contrées d'origine. Quel sens y a-t-il, dès lors, à changer pour elles le modèle qu'elles sont venues chercher pour le rapprocher de celui qu'elles ont fui ?

Quand on constate que l'on ne vit pas si bien ensemble que cela au sein du paradigme multiculturaliste en vigueur, notamment dans les quartiers où des minorités dans notre pays se trouvent majoritaires –puisque, bien évidemment, si l'on garde son mode vie spécifique, on se mélange moins volontiers à la population du pays d'accueil, au point de ne pas se donner systématiquement la peine d'en apprendre la langue et d'en adopter les us et coutumes-, la solution généralement prônée est de mettre en place des politiques de la Ville, qui ont fait la preuve depuis des décennies du fait qu'elles sont toutes aussi coûteuses qu'inefficaces. Ces politiques finissent par remplir le double objectif d'acheter artificiellement une précaire paix sociale dans les zones sensibles, et de tenter de mobiliser en sa faveur un vote communautariste et clientéliste.

Ces politiques de la Ville, présentées comme généralistes mais si évidemment ciblées que personne ne saurait en être dupe, soulèvent la question délicate des aides, directes ou indirectes, et de la définition de leurs bénéficiaires, certains n'ayant pas encore contribué à la prospérité nationale, et dont on sait tous n'ont pas l'intention de le faire. Cela est d'autant plus sensible en cette période préélectorale, où la question des migrants, dont l'arrivée massive, depuis quelques mois, modifie profondément les équilibres sociologiques de la communauté nationale, arrive en bonne place, de même que l'universalisme des prestations sociales, accordées à toutes les personnes présentes sur notre territoire sans condition de durée ou d'assimilation, voire de présence légale sur notre sol. Toutes les tentatives de traiter les deux sujets séparément se sont heurtées au principe de réalité : quelles que soient les évolutions que nous pourrions impulser au niveau européen s'agissant des frontières, les nôtres resteront poreuses, et les arrivants toujours plus nombreux, parce que notre système social très protecteur est un facteur majeur d'attractivité. Si nous n'y mettons bon ordre, non seulement notre modèle se trouvera immanquablement en faillite tôt ou tard, car un pays en situation de faible croissance ne saurait accueillir toute la misère du monde, mais en plus, les tensions communautaristes, de plus en plus présentes ces derniers mois, risqueront de connaître de nouveaux et tragiques développements. Il est donc indispensable et urgent de trouver des solutions à même de garantir la pérennité de notre système en appliquant des critères objectifs, non stigmatisants et non communautaristes.

Pourquoi la France ne conditionnait-elle pas désormais toutes les prestations sociales à une durée légale de présence sur le territoire de cinq années pour toutes les personnes non ressortissantes de l'Union Européenne ? En effet, les membres de l'UE ne sont légitimement pas concernés, puisque nous avons, en la matière, des accords de réciprocité. Ce serait, à coup sûr, la garantie que les personnes qui viendraient dans notre pays le feraient dans une véritable volonté d'assimilation, par amour de la France, de sa culture et de son mode de vie, puisqu'elles ne bénéficieraient qu'à moyen terme de notre dispositif de prestations particulièrement généreux. De plus, il n'y aurait plus aucun intérêt, ni à court, ni à long terme, à venir illégalement sur notre sol, et dès lors que cette mesure serait annoncée, le flot de nouveaux arrivants illégaux diminuerait considérablement. Cinq années de présence en situation régulière sur le territoire sont, de plus, une durée suffisamment longue pour que l'attribution de droits puisse être conditionnée à la vérification d'une parfaite assimilation à la communauté nationale, que ce soit en matière de maîtrise de la langue ou de connaissance et de respect de ses valeurs, us et coutumes. Bien entendu, toute condamnation judiciaire pendant cette durée de cinq ans après l'arrivée en situation régulière, qui traduirait de fait une mauvaise assimilation, ferait repartir le délai à zéro. Ajoutons à cela que la mise sous condition de durée de séjour préalable de toutes les prestations rendrait nettement moins pressante la question du regroupement familial, dans l'hypothèse où celui-ci ne serait pas suspendu ou supprimé à brève échéance : on peut en effet supposer que le nombre de ressortissants étrangers pressés de faire venir leur famille sur notre sol avant d'être eux-mêmes parfaitement assimilés et financièrement autonomes diminuerait considérablement si une telle arrivée ne s'accompagnait d'aucun avantage financier durant les cinq premières années.

Il faut ajouter qu'un tel délai de carence serait la garantie que ceux et celles qui viendraient sur notre sol le feraient pour être des membres productifs de la société, désireux de s'assimiler à la Nation, puisque ce serait un impératif pour assurer la satisfaction de leurs besoins personnels. Il va de soi que pour récompenser les parcours d'assimilation, y compris économiques, réussis, chaque année en situation régulière et en CDI, ou chaque année en situation régulière avec une activité personnelle conduisant à s'acquitter de l'impôt sur le revenu, conduirait à une réduction d'un an de la période d'attente pour l'ensemble des prestations, et donnerait droit immédiatement à l'assurance maladie, puisque l'intéressé cotiserait à cette fin. Si l'obtention de prestations sociales était liée à de telles conditions de durée de séjour légal et de bonne assimilation dans la communauté nationale, non seulement le régime, nettement moins sollicité, tendrait à revenir vers l'équilibre, mais les Français perdraient tout sentiment d'injustice ou de « payer pour les autres », ce qui ne manquerait pas de faire reculer sensiblement les tensions communautaristes. Par ailleurs, ces prestations au nombre de bénéficiaires plus limité, pourraient même voir leur niveau légèrement revalorisé.

Certes, on pourrait arguer que la France y perdrait une part de sa vocation universaliste, mais l'examen de comptes publics ou de ceux des régimes sociaux suffit à faire réaliser que notre pays n'a plus les moyens d'une générosité universelle, qui s'exerce de plus en plus au détriment de nos concitoyens sous l'effet de l'augmentation exponentielle et incontrôlée du nombre de bénéficiaires. D'autant que l'universalisme de la France, et c'est là son honneur, réside dans ses valeurs et non dans son porte-monnaie... aujourd'hui vide, ou du moins trop vide pour pouvoir en faire bénéficier ceux qui ne partagent pas nos valeurs communes et ne font rien pour partager notre Histoire collective. Pas de droits sans devoirs : c'est la condition de l'appartenance à la Nation ; ce devrait être aussi celle des avantages qui y sont liés. Devoir respecter le pays qui accueille, ses habitants, sa culture et son Histoire, et produire de la richesse pour la communauté nationale, ouvrirait ainsi des droits, sociaux notamment. Tout simplement parce que, même hors considérations budgétaires, plus les nouveaux arrivants sont nombreux, plus il est impératif qu'ils s'assimilent, surtout dans un pays qui, comme la France, a forgé son identité sur un profond sentiment d'unité de la Nation, dans le rejet de toute forme de communautarisme. Un communautarisme qui, bien que fermement interdit par nos lois, est de plus en plus difficile à dénoncer dans l'actuel contexte d'immigration extra-européenne, comme l'explique parfaitement Elisabeth Badinter, qui désigne au passage la partie de l'échiquier politique la plus encline à composer avec cette nouvelle donnée sociologique intempestive : *« Le pire de cette gauche communautariste, c'est d'avoir accepté le concept d'islamophobie – qui a foutu en l'air le principe de laïcité, car s'élever contre les signes religieux devenait un crime – et l'invention de ce terme, au sens propre insensé, de « racisme antimusulman ».*

Evoquer la question de l'assimilation versus l'intégration, aujourd'hui devenue fondamentale pour la société française, pour la façon dont elle se pense et dont elle veut se penser à l'avenir, c'est aussi souligner un énorme paradoxe : on exigeait l'assimilation à l'époque où les nouveaux venus sur notre territoire, non seulement étaient peu nombreux, mais étaient dans leur écrasante majorité d'origine européenne et de culture judéo-chrétienne, et partageaient donc avec nous des valeurs et des modes de vie très proches, qui auraient dans tous les cas peu impacté nos espaces collectifs, nos vies quotidiennes et nos représentations de nous-mêmes et de la Nation. Nous en sommes venus à ne plus avoir pour exigence que l'intégration, tellement indéfinissable et édulcorée à force de concessions aux particularismes qu'on ne sait même plus en quoi elle consiste alors même que les flux de populations en direction de notre pays devenaient de plus en plus nombreux, et de plus en plus souvent extra-européens.

Dans les années 1970, la tendance à la tolérance pour les différences culturelles, tant qu'elles n'étaient pas trop marquées, avait un fondement économique : il s'agissait en grande partie d'une immigration de travail, fort utile pour faire tourner la machine industrielle et pas nécessairement destinée à rester en France à long terme ; cette tolérance était donc une nécessité pour attirer des travailleurs qualifiés. Le tournant a été matérialisé par le regroupement familial, qui a transformé une immigration de travail en immigration de peuplement sans pour autant revenir à l'obligation d'assimilation. Etrangement, il a fallu beaucoup de temps pour que cette erreur soit constatée, et même une fois le constat effectué, le politiquement correct mondialiste et multiculturaliste ambiant a le plus souvent empêché de la dénoncer, et plus encore d'y porter remède en agissant sur la cause

– à savoir le défaut d'exigence quant à l'assimilation. Il est alors devenu de bon ton dans les milieux politiques, surtout de gauche mais pas seulement, ainsi que dans les médias et parmi les spécialistes des questions sociales, de vouloir remédier aux effets : c'est pourquoi on s'est mis à expliquer aux citoyens français que le multiculturalisme était un enrichissement même quand il portait atteinte à leur identité et que ceux qui le refusaient étaient en défaut de repentance mémorielle, par rapport au colonialisme, à l'esclavage, et à toute autre circonstance pouvant faire de la tolérance sans condition un juste prix à payer pour une culpabilité pas toujours clairement définie, et encore moins souvent définie avec justesse, dans le respect des faits historiques, positifs comme négatifs. La doxa en la matière, dans notre pays, est l'instruction à charge contre l'Occident en général et contre la France en particulier, au point de confondre souvent le légitime devoir de mémoire et le fait de battre sa coulpe à tous propos, avec ou sans raison objective, avec comme message subliminal une sorte de honte de notre Histoire commune, qui devrait nous conduire à accepter de tout devoir ad vitam aeternam au reste de l'humanité. C'est un constat particulièrement inquiétant pour la Nation, qui ne peut trouver sa pleine expression que dans un sentiment d'appartenance enraciné dans la fierté de valeurs et d'une Histoire commune.

Il faut souligner que, pendant plusieurs décennies, cette forme de revisite, ou du moins de réinterprétation de l'Histoire, si elle n'a jamais fait consensus, a en fait dérangé peu de monde, n'étant finalement dénoncée que par des mouvements marginalisés et présentés, à tort ou à raison, comme extrémistes. Mais la perception de cette relecture historique a diamétralement changé depuis les attentats qui ont endeuillé notre pays en 2015 et 2016, et l'arrivée massive concomitante de réfugiés, dans les rangs desquels personne ne peut affirmer avec certitude que ne se soient pas infiltrés des terroristes. Dans ce contexte, revisiter notre Histoire et nos valeurs pour mieux prendre en compte les présupposés culturels et religieux de migrants qui les revendiquent au nom de la même religion dont se réclament les terroristes responsables de 238 morts dans notre pays ces 18 derniers mois a soudain semblé insupportable aux yeux d'une large part de la population française, et les incidents battant en brèche le vivre-ensemble idyllique encensé en boucle par le gouvernement socialiste et les médias se sont multipliés.

Aurait-on pu rendre l'accueil des migrants plus facile et mieux accepté en prenant davantage en compte la possibilité d'intégrer à la communauté nationale ceux qui auraient rejoint notre territoire ? C'est fort probable, mais cela aurait impliqué d'affirmer avec clarté nos valeurs et leur respect incontournable, et de veiller à ne pas bouleverser les équilibres sociologiques et culturels de notre pays. Par exemple, il aurait été imaginable d'estimer que, dans le respect de ces équilibres, chacune des 35 585 communes de France pouvait sans préjudice accueillir une famille de migrants. Et, comme les Chrétiens d'Orient et les Yézidi sont les plus menacés par les conflits en cours, il eut été pertinent de leur réserver cet accès à notre territoire national, sachant que la plus grande proximité en termes de valeurs et de mœurs aurait garanti une meilleure acculturation.

Dans de telles conditions, la communauté nationale aurait sans doute ressenti comme plus légitime et moins traumatique l'obligation d'accueil massif qui lui était faite. L'option qui a été retenue, au contraire, a ouvert les vannes de l'accès de notre territoire sans discernement, accroissant les tensions communautaristes, et conduisant une large partie de la Nation à se sentir menacée dans son identité, bien au-delà de la portion qui se qualifie ou est qualifiée habituellement d'identitaire. Cette polarisation est d'autant plus sensible que les nouveaux arrivants, très majoritairement de jeunes hommes de religion musulmane, n'hésitent pas, eux, à formuler fortement leurs revendications identitaires et culturelles, sans même se demander si elles sont légitimes ou acceptables dans le pays qui les accueille. Le problème n'a jamais été aussi criant : même si émergeait une volonté politique d'exiger l'acculturation des migrants présents sur notre sol s'ils souhaitent y demeurer, comment assimile-t-on des milliers de personnes qui, pour la plupart, ne le souhaitent manifestement pas ? L'Europe a créé le problème, l'espace Schengen le lui a permis, mais il serait naïf de penser que la solution viendra de l'Union Européenne : tout espace économique fortement intégré qu'elle soit, l'Europe n'est en rien un espace politique, encore moins une nation. Elle a même indéniablement substitué une grille de lecture économique à la grille de lecture politique sur presque tous les problèmes dont elle a à connaître, ce qui ne fait que renforcer le sentiment de déconnexion que ressentent les citoyens par rapport à cette institution supra-étatique dont les décisions, ressenties comme des oukases, leur semblent à mille lieux de leurs préoccupations quotidiennes. Même si elle est indéniablement irriguée par des valeurs partagées, ni les institutions de l'Europe, ni ses citoyens, n'ont une conscience forte d'une identité commune à défendre. Sauf à voir une identité européenne émerger face à cette crise migratoire, il faudra bien que les réponses viennent des Etats-Nations, et probablement même plus des nations que des Etats.

C'est toujours sa Nation qu'on défend : l'échelon de l'identité, celui où l'on se reconnaît et qui fait partie de la définition que l'on donne de nous-mêmes, la Mère Patrie. La Nation ne joue pleinement son rôle de vecteur de l'identité commune que lorsque chaque citoyen de notre pays s'estime Français avant toute autre chose. Or, combien de jeunes, issus de l'immigration de deuxième, voire de troisième génération, se revendiquent comme appartenant en premier lieu au pays que leurs parents ou grands-parents ont quitté, et où ils ne sont parfois jamais allés, voire comme musulmans –inversant ainsi la légitime hiérarchie entre nationalité et religion dans la définition de leur identité-, et en aucun cas comme Français ? La proportion est loin d'être insignifiante, et montre que le renoncement de la Nation française à exiger l'assimilation n'a abouti qu'à créer des personnes déculturées au lieu de personnes acculturées. Au-delà des papiers d'identité, ne sont pleinement membres de la communauté nationale que ceux qui se sentent Français et qui se revendiquent comme tels dans tous leurs comportements.

Si l'on n'attend pas -si l'on n'exige pas- de ceux qui deviennent Français qu'ils s'enracinent sur notre territoire et se reconnaissent dans notre Histoire commune, on sème du déracinement et on récolte inévitablement du communautarisme. Sans doute est-ce même l'une des causes de certaines radicalisations salafistes : celles de jeunes qui ne se sentent appartenir à rien et veulent faire partie de quelque chose. Si l'on renonçait à permettre, sous le prétexte d'une fallacieuse tolérance, que des personnes séjournent durablement sur le territoire français sans se donner la peine d'appartenir à la communauté nationale et d'en apprendre et d'en appliquer les valeurs, les us et coutumes, peut-être la France retrouverait-elle sa capacité à générer un sentiment d'appartenance et de fierté qui dispenserait ces jeunes de chercher ailleurs, dans la violence, un idéal qui leur donne l'impression d'appartenir à quelque chose de plus grand qu'eux. C'est le sens de la récente polémique autour de la petite phrase de Nicolas Sarkozy concernant *« nos ancêtres les Gaulois »*, qui eût été la simple énonciation d'un fait admis par tous à l'époque où l'assimilation et l'appartenance pleine et entière à la communauté nationale, dans tous ses aspects, était la norme : être Français, c'est bel et bien appartenir à quelque chose de plus grand que soi, à une aventure commune ancrée sur notre territoire, dont la première illustration historique concerne des ancêtres communs –au sens de « prédécesseurs dans cette aventure collective »- qui étaient Gaulois. Vouloir ramener la notion d'ancêtres à sa dimension génétique, moins partagée (encore qu'une étude basée sur l'analyse de l'ADN mitochondrial, voici une quinzaine d'années, soulignait que plus de 60% des Européens ont un lien génétique avec Berthe aux grands pieds, mère de Charlemagne, la proportion étant plus élevée encore en Europe de l'Ouest), c'est nier à la Nation sa dimension transcendante, et presque son existence. Pourtant, si elle n'est pas une entité juridique, elle est bel et bien l'espace politique et social où s'incarne et s'exprime notre destin collectif.

Il semble essentiel de souligner la valeur centrale de l'apprentissage de la langue pour se sentir appartenir à la Nation, et ce fut sans le moindre doute, dans notre pays, l'un de ses premiers éléments constitutifs. Rappelons-nous ainsi que l'Ordonnance de Villers-Cotterêts – parfois également désignée sous le nom d'Ordonnance Guilelmine-, édictée par François Ier dès le 10 août 1539, est notre plus ancien texte de loi encore en vigueur, ses articles 110 et 111, relatifs à l'usage exclusif de la langue française pour tous les actes administratifs, n'ayant jamais été abrogés. Il n'est pas anodin que cette même ordonnance, imposant aux paroisses et aux villes de tenir des registres de baptêmes, ait jeté les bases de notre état-civil : vouloir savoir qui compose la Nation et vouloir que chacun puisse se comprendre en son sein relève de la même logique fondamentale, qui est celle, fondatrice, de l'appartenance. Durant la période révolutionnaire, l'Assemblée Nationale envisagea brièvement, en 1790, de revenir sur cette approche et de faire traduire dans les langues régionales l'ensemble des textes de lois. Elle y renonça bien vite, à la fois pour des raisons pratiques liées au temps nécessaire et aux coûts afférents, mais aussi et surtout pour des raisons philosophiques : compte tenu des inévitables approximations de traduction, voire de l'impossibilité de traduire avec exactitude certains concepts dans certains dialectes, les citoyens auraient-ils été réellement égaux devant la Loi s'ils n'y avaient pas eu accès dans la même langue ? Ce fut, dès lors, le retour à l'unité linguistique de l'Ordonnance de Villers-Cotterêts, encore pleinement appliquée, puisqu'un arrêt de la Cour de Cassation, en date du 27 novembre 2012, en fait la base d'un de ses attendus. On voit ainsi que, depuis cinq siècles, appartenir à la Nation française, c'est s'exprimer en langue française pour tout ce qui relève de la vie légale, administrative, et dans l'espace public –les exceptions persistantes sur ce dernier point furent d'ailleurs violemment combattues par la IIIème République, notamment en Bretagne, car la pratique qu'une autre langue que le Français hors de la sphère privée apparaissait comme un choquant rejet de l'appartenance à la Nation. Ceux qui, aujourd'hui, s'établissent sur notre territoire, voire en demandent la nationalité, devraient ainsi se voir imposer une exigence d'apprentissage de la langue, vecteur de la culture et des valeurs communes, comme première manifestation tangible de leur volonté d'assimilation à la Nation française. De nombreux Etats, à travers le monde, conditionnent d'ailleurs l'attribution de la nationalité à la vérification de la maîtrise de la langue et de la connaissance des règles et principes incontournables en vigueur dans le pays : c'est notamment le cas aux Etats-Unis.

Vouloir l'assimilation plutôt que la simple intégration, c'est dire que la France peut et doit être un vecteur d'identification et d'enthousiasme pour chaque Français, qu'il le soit de naissance ou par naturalisation. C'est dire, aussi, que la France peut être une raison de vivre et de s'investir : elle l'a été, au fil du temps, pour tant de personnages remarquables qui ont jalonné son Histoire, que cela devrait être une fierté nécessaire et suffisante de s'inscrire dans leur continuité et de respecter comme un précieux héritage leur apport à l'aventure collective qu'est la France.

Si l'on n'avait pas rompu avec le paradigme de l'assimilation, il n'aurait pas été nécessaire, au début des années 2000, de remettre en cause la conscription, faute de savoir si les jeunes issus d'une intégration dysfonctionnelle auraient le moindre tropisme pour la défense d'une Mère Patrie qu'ils ne reconnaissaient, pour certains, ni comme l'une ni comme l'autre. Si la République se doit d'être « toute la Nation en un seul corps », l'Armée, au travers de la conscription en particulier, se doit d'en être la manifestation visible, agissante et protectrice... ce qui ne peut être que si la valeur accordée au patrimoine commun que constitue cette Nation est aussi élevée pour chacun des conscrits. Dans le doute, faute de pouvoir garantir ces valeurs partagées, la conscription, qui aurait pu constituer un vecteur d'assimilation, a été tout simplement abandonnée, ce qui a été une façon d'éviter le problème plutôt que de risquer des constats autour de la fragilisation de plus en plus sensible du lien Armée-Nation par des conscrits imparfaitement intégrés.

Comme l'exprimait, dès 1794, les paroles de Marie-Joseph Chénier dans Le Chant du Départ :
« *La République nous appelle*
Sachons vaincre ou sachons périr.
Un Français doit vivre pour elle
Et pour elle un Français doit mourir »

Ces quelques vers résument tout le débat sur les raisons de privilégier l'assimilation par rapport à l'intégration : ceux qui défendront la République, incarnation politique de la Nation, ceux qui défendront la Patrie –pas seulement au sens militaire du terme, d'ailleurs, mais aussi du point de vue économique et de celui des us et coutumes et de l'identité millénaire-, ce sont ceux qui se reconnaissent comme Français, comme membres à part entière de cette Nation qui est une richesse commune, et qui souhaitent la préserver.

Au final, la seule chose que nous ayons assimilée en la matière, au cours des dernières décennies, c'est la valeur particulièrement peu intégratrice des politiques d'intégration, et l'échec patent qu'elles constituent. On en vient même de plus en plus fréquemment, depuis 2013, à employer préférentiellement, notamment dans les médias, le terme, encore moins exigeant, d'inclusion. Or, quand on inclut, on ne demande plus rien : on se contente de mettre à l'intérieur de la communauté nationale des éléments qui ne s'y trouvaient pas, sans prendre garde au fait que l'alchimie fonctionne, ou qu'on se retrouve au contraire avec une émulsion instable du type huile dans l'eau, voire césium dans l'eau... D'un point de vue philosophique, on peut dire que la substitution de la notion d'intégration à celle d'assimilation, c'est la victoire d'un paradigme matérialiste et court-termiste sur celui, moins centré sur l'immédiateté, d'une France éternelle et consciente d'elle-même, ce qui ne signifie en rien une France figée, repliée sur elle-même et passéiste, mais au contraire une France

qui sait s'appuyer sur son passé pour construire son présent et
penser son avenir avec tous ceux qui savent que ces trois aspects
sont inséparables et doivent être respectés, sans réécriture de
circonstance.

Chapitre 5
La France, l'Europe et le monde

Dans les chapitres précédents, nous avons largement parlé de l'avenir de la France, et de la façon dont elle pourrait être amenée à repenser ses institutions pour redéfinir un projet commun, et renouer ainsi avec un véritable sentiment d'appartenance et celui d'un destin voulu et partagé. Parler si longuement de la France et seulement d'elle ne traduit en rien une approche isolationniste, mais ce n'est qu'en travaillant sur sa définition d'elle-même et sur son identité que la France retrouvera sa pleine place sur l'échiquier européen et international, et retrouvera cette image de grandeur ont elle a toujours été synonyme, que ce soit du point de vue culturel, diplomatique, économique, scientifique ou militaire.

S'il faut penser à la France avant tout, y compris dans l'optique de son implication européenne et internationale, c'est parce que les autres Etats procèdent quasiment tous très logiquement ainsi, du moins pour ceux qui répondent aux critères d'une démocratie fonctionnelle et durable. Si l'idée de préférence nationale, qui n'est rien d'autre que le fait de dire que la France doit penser en premier lieu à la France et aux Français, fait pousser ici des cris d'orfraie à toute la gauche bien-pensante et à toute une caste médiatique mobilisée contre un tel crime lèse-multiculturalisme imposé, l'affirmation « *America first* » sonne comme une évidence aux Etats-Unis, indépendamment du positionnement sur l'échiquier politique et de la situation internationale. Et cette affirmation trouve des déclinaisons concrètes, puisque du point de vue diplomatique, les Etats-Unis parlent d'une seule voix et que les entreprises américaines, concurrentes sur le marché intérieur, n'hésitent pas à se lancer conjointement à l'assaut de contrat internationaux, avec la bénédiction de leur gouvernement, quand cela peut favoriser un heureux aboutissement. Et une telle attitude n'est pas une exception : c'est la France, au contraire, qui suscite l'étonnement, parce que le patriotisme exprimé y est souvent ressenti avec un certain malaise, et que le fait de se préoccuper d'abord –pas forcément exclusivement, mais d'abord- de sa population, de son influence, de sa prospérité, de son identité... n'y tombe pas sous le sens. L'universalisme, s'il consiste à se sentir responsable du monde entier et à ne rien accorder à ses propres citoyens qu'on ne donne aussi aux ressortissants d'autres pays est une attitude suicidaire, surtout dans une période où la croissance mondiale connaît un certain tassement... De plus, un tel présupposé est nécessairement générateur de tensions : la meilleure justification des solidarités entre les personnes, entre les générations ou entre les régions, c'est le fait de venir en aide à ceux avec qui on partage une identité commune et un destin commun. L'universalisme qui tend à accorder les mêmes avantages qu'aux membres de la communauté nationale à tous ceux qui le demandent du fait de leur présence sur notre territoire casse ce caractère naturel des solidarités et des péréquations parce qu'elles deviennent une réalité subie et sans justification de proximité spécifique en même temps qu'un tonneau des Danaïdes.

A- Nation française ou nation européenne ?

Si les mouvements de populations ne sont pas un phénomène nouveau dans nos contrées, ils se sont singulièrement accélérés depuis 2015, et concernent, qui plus est, des migrants d'origine extra-européenne, ce qui conduit chaque Nation de notre continent à s'interroger sur la place qu'elle peut réserver aux nouveaux arrivants et sur la façon dont elle doit le faire... si elle doit le faire. Chaque Nation concernée doit aussi s'interroger sur qui doit s'adapter –les nouveaux arrivants ou le pays d'accueil- et à quoi, et force est de constater que les solutions prônées en la matière par certains gouvernants, qui s'orientent le plus souvent vers des « accommodements raisonnables » des us et coutumes vernaculaires pour ne pas heurter les spécificités culturelles, voire cultuelles, des nouveaux venus, ne trouvent guère d'écho favorable auprès de populations européennes qui ont le sentiment de plus en plus aigu qu'on les incite, voire qu'on les oblige à renoncer à leur identité, ou du moins à une part de celle-ci, au nom d'une culpabilité qu'elles ne ressentent pas. Culpabilité de quoi, d'ailleurs ? Souvent seulement celle de l'impardonnable faute d'être nées sur un continent prospère. Culpabilité non ressentie redoublée par le traitement médiatique qui en est fait, confondant le refus de l'oubli de soi, de sa culture, de son Histoire et de ses valeurs avec un égoïste rejet de l'autre, déplaçant ainsi le débat sur la question de la légitimité de vouloir être solidaires sans se renier, et seulement à cette condition.

Pourtant, quand un particularisme s'exprime à l'échelle d'une Nation, et sur son propre territoire, quand il est le fruit de sa propre Histoire et des valeurs sur lesquelles elle s'est forgée, il est le contraire d'un communautarisme : il est la spécificité par laquelle un peuple se reconnaît comme tel dans ce qu'il a d'unique, et en quelque sorte l'expression du Génie national (Volkgeist en Allemand), défini en 1774 par Herder, dans son ouvrage Une autre histoire de la philosophie. Radicalisant la thèse précédemment développée par Montesquieu dans L'Esprit des Lois, il y explique que chaque nation de la terre a son mode d'être unique et irremplaçable, inséparable de son identité et de son existence. Herder souligne d'autant plus l'importance de cette dimension identitaire dans la définition de la Nation qu'il écrit à une époque où l'Allemagne n'existe pas en tant que telle, étant fractionnée en une multitude de petits royaumes, mais où le sentiment d'un destin commun et de valeurs communes, soutenu par la pratique d'une même langue, se fait de plus en plus jour, conduisant bientôt les romantiques à exhorter le peuple allemand à se reconnaître comme tel, posant ainsi, au travers d'un récit national, les bases d'un Etat unifié. Le même phénomène préfigurera, durant des siècles, la naissance de l'Etat italien qui surviendra formellement en 1861 : dès le XIVème siècle, alors que le territoire est morcelé entre des Cités-Etats constamment en guerre les unes avec les autres et l'influence des condottieri qui en sont les bras armés, chaque habitant de la Péninsule se reconnaît avec les autres une forte parenté culturelle, portée par la langue, les us et coutumes, et surtout magistralement illustrée et renforcée par les artistes du Quattrocento, inépuisables sources de fierté.

Guiseppe Mazzini fait partie de ceux qui formulèrent cette aspiration italienne à l'unité, bien avant qu'elle ne devienne effective :

« Nous sommes un peuple de vingt-un à vingt-deux millions d'hommes, désignés depuis un temps immémorial sons un même nom, - celui de peuple italien, - renfermés entre les limites naturelles les plus précises que Dieu ait jamais tracées, la mer et les montagnes les plus hautes d'Europe, - parlant la même langue modifiée par des patois moins dissemblables que ne le sont l'écossais et l'anglais, - ayant les mêmes croyances, les mêmes mœurs, les mêmes habitudes, avec des modifications moins grandes que celles qui séparent, dans le pays le plus unitaire du monde, la France, les populations basques des populations bretonnes ; fiers du plus glorieux passé politique, scientifique, artistique, qui soit connu dans l'histoire européenne, -

ayant donné deux fois à l'humanité un lien, un mot d'ordre d'unité, une fois par la Rome des empereurs, une autre, quand les papes n'avaient pas encore trahi leur mission, par la Rome papale ; - doués de facultés actives, promptes, brillantes, que ceux-là même qui nous calomnient ne nous refusent pas, - riches de toutes les sources de bien-être matériel, qui, exploitées fraternellement et librement, pourraient faire de nous une nation heureuse, et ouvrir aux nations nos sœurs le plus beau marché du monde.

Nous n'avons pas de drapeau, pas de nom politique, pas de rang parmi les nations européennes. Nous n'avons pas de centre commun, pas de pacte commun, pas de marché commun. Nous sommes démembrés en huit états : Lombardie, Parme, Toscane, Modène, Lucques. Etats du pape, Piémont, royaume de Naples, tous indépendants les uns des autres, sans alliance, sans unité de but, sans liaison organisée entre eux. Huit lignes de douanes, sans compter les tracasseries intérieures de chaque Etat, fractionnent nos intérêts matériels, limitent notre marché et nous interdisent la grande industrie, la grande activité commerciale, tous les encouragements qu'un centre d'impulsion donnerait à nos facultés. Des prohibitions ou des droits énormes entravent l'importation et l'exportation des objets de première nécessité dans chacun des Etats italiens : des produits territoriaux et industriels surabondent dans une province italienne et manquent dans l'autre, et nous ne pouvons nous vendre le superflu ou nous fournir le nécessaire réciproquement et librement. Huit systèmes différents de monétisation, de poids et mesures, de législation civile, commerciale, pénale, d'organisation administrative, et de mesures de police, nous séparent, nous rendent, autant que possible, étrangers les uns aux autres. Et tous ces Etats, ainsi partagés, sont régis par des gouvernements despotiques, dans l'action desquels le pays n'intervient nullement. Il n'y existe de liberté ni de presse, ni d'association, ni de parole, ni de pétition collective, ni d'introduction de livres étrangers, ni d'éducation ; rien. Un de ces Etats, comprenant à peu près le quart de la péninsule, appartient à l'Autriche : les autres, quelques-uns par des liens de famille, tous par le sentiment de leur faiblesse, en subissent aveuglément l'influence. »
Giuseppe Mazzini, « l'Italie, l'Autriche et le pape » (10 septembre 1845). La revue indépendante, 1845.

Sans s'attarder sur la dimension révolutionnaire de ses propos, on peut voir dans cette citation l'illustration d'un fait qui est au cœur de la naissance des Etats européens : l'Etat devient légitime et nécessaire parce que la Nation existe, porté par un passé et un destin commun, une langue commune, des croyances, des mœurs et des habitudes partagées. En ce sens, le patriotisme ne peut s'affranchir d'une dimension identitaire ; c'est pourquoi le respect de l'identité nationale est instinctivement perçu par beaucoup comme indispensable à l'existence même de la Nation. Cela explique la difficulté d'appropriation par les citoyens d'une identité européenne, faute d'une affirmation claire par les institutions de l'Union de valeurs communes revendiquées comme telles. Cela explique aussi la difficulté plus grande à intégrer à la communauté nationale, quelle que soit l'époque ou le lieu, des personnes qui revendiquent et cherchent à maintenir des croyances et des mœurs différentes sur un territoire qui les accueillerait plus aisément si elles témoignaient d'une volonté d'acculturation.

Les particularismes communs, signes forts de reconnaissance, font les nations, et les nations font les Etats. Cela rend d'autant plus préoccupant le fait de voir les nations européennes s'auto-infliger une crise d'identité sous la pression d'événements extérieurs : un Etat peut-il durablement continuer d'exister si la Nation qui le sous-tend et dont il est l'incarnation politique perd la conscience d'elle-même ? Résoudra-t-on cette difficile équation au travers que la réaffirmation par chacun des Etats européens de son identité propre, ou la crise migratoire actuelle sera-t-elle une sorte de déclencheur de la prise de conscience d'une identité européenne, et avec quelles conséquences politiques ? Soulignons, à ce sujet, que beaucoup des nations européennes, qui existaient en filigrane du fait de valeurs, d'une langue et d'une culture partagées, se sont affirmées avec force au XIXème siècle, après que les conquêtes napoléoniennes leur aient fait craindre de voir nier ou effacer leurs spécificités différenciatrices.

Dans cette même logique, la crise des migrants, qui fragilise la cohésion des identités européennes, les pousse par répercussion à se placer dans une configuration de défense identitaire ; la question est de savoir si les identités se trouveront défendues au niveau des Etats, qui ont longtemps été les incarnations politiques et légitimes des nations, ou si les peuples d'Europe découvriront que ce qui les unit est assez fort et spécifique pour qu'émerge une nation européenne à part entière, source d'identification. La troisième hypothèse, qui verrait émerger un renforcement des identités régionales, ne peut être totalement exclue : il suffit de considérer les aspirations indépendantistes, nettement renforcées ces derniers mois, de l'Ecosse ou de la Catalogne, l'Irlande du Nord qui, après le Brexit, souhaite mettre fin à près d'un siècle de partition de l'ile au titre des valeurs et de la culture partagées, ou encore les réactions à la crise des migrants en Corse, qui font apparaître des particularismes locaux, solubles dans la Nation lorsque l'identité n'est pas menacée, mais fortement réaffirmés dès que c'est le cas.

Une identité européenne, si elle était exprimée et affirmée comme un constat partagé par toutes les populations concernées, pourrait être fort près de jeter les base d'une nation européenne et, à sa suite, d'un Etat européen, que nous sommes aujourd'hui fort loin de pouvoir imaginer, et encore moins réaliser : qui, à ce jour, aussi fervent européiste soit-il, irait s'affirmer Européen avant d'être Français, Irlandais, Espagnol, Grec ou Allemand ? Nous sommes fort loin de nous penser en termes d'identité postnationale, mais la nation est un phénomène intersubjectif, et on peut supposer que, face à une crise migratoire qui prend des allures de crise de civilisation, elle finira par se situer à l'échelon où ses valeurs fondamentales seront le mieux incarnées et défendues. Le futur échelon identitaire pourrait-il être l'Europe plutôt que l'Etat-Nation qui en demeure, à ce jour, l'unique dépositaire, ou l'Etat-Nation se trouvera-t-il au contraire renforcé, comme pourrait le laisser supposer la résurgence, ces derniers mois, de formes de nationalismes –souvent qualifiés de populismes par leurs détracteurs- dans de nombreux pays ? Sont-ce, d'ailleurs, à proprement parler des nationalismes, ou des sentiments patriotiques exacerbés par l'impression de moins en moins diffuse d'une menace identitaire fondamentale ? Si ce sont des nationalismes, ils sont, en tout état de cause, plus proches des nationalismes culturels, vecteurs de citoyenneté, qui se sont développés au XIXème siècle, que des nationalismes bellicistes de la première moitié du XXème siècle.

Les identités nationales sont porteuses de vertus téléologiques auxquelles l'Europe serait, aujourd'hui, bien peine de prétendre. Inventer une identité européenne pourrait, certes, être une tentation quand il s'agit de répondre à un problème qui s'est créé à cette échelle, et plus précisément à celle de l'espace Schengen, mais cela nécessiterait de s'inventer un destin et un dessein communs, d'une portée suffisante pour générer un transfert du sentiment d'appartenance. Or, force est de constater qu'hors ce paramètre émergent de crise migratoire majeure, il n'existait pas d'identité européenne, ni de réelle aspiration à celle-ci, et que chacun s'en passait sans difficulté : l'intégration économique, malgré quelques déclarations dans ce sens –d'ailleurs fort rares- n'a jamais aspiré à devenir politique, si ce n'est comme une utopie lointaine. La tendance d'ailleurs, s'agissant de la réponse à cette crise continentale, semble être plus volontiers partitionniste : s'il serait vain de nier la dimension économique du Brexit, notamment au travers de la perspective de la fin de la contribution au budget européen, l'argument d'un meilleur contrôle sur la circulation des personnes et sur les entrées sur le territoire a été très largement entendu par la population britannique, et présenté comme non négociable par Theresa May avant même l'activation de l'article 50. C'est aussi cet argument de reprise de contrôle des frontières qui est désormais systématiquement mis en avant par ceux qui, dans plusieurs Etats membres de l'Union Européenne -y compris des pays fondateurs comme la France ou les Pays-Bas-, souhaitent voter à leur tour sur une sortie de l'UE. Certes, il existe des précédents où des referenda européens ont été finalement ignorés par les Etats concernés, mais cela semble hautement improbable dans le cas de celui sur le Brexit, car il matérialise l'absence de sentiment d'une nation européenne dans les populations des pays de l'Union : face à une crise de civilisation où l'identité peut sembler menacée, on se replie sur l'échelon ressenti comme celui où les valeurs communes sont les plus fortes et les mieux ancrées, et force est de constater que dans l'esprit des citoyens, ce n'est pas l'Europe, mais bien l'Etat-Nation qui tient cette place.

Nul, parmi ceux qui revendiquent d'autant plus leur identité nationale qu'ils la sentent menacée, ne nie la convergence d'Histoire et de valeurs qui existe entre les Nations européennes. Mais au-delà de ces convergences, illustrées par des fondations historiques et philosophiques gréco-romaines et judéo-chrétiennes mâtinées d'influences celtes qui définissent une civilisation commune à tous les peuples de notre continent, les particularismes sont vivants, et les Nations aussi. Nous sommes loin d'une logique d'identité postnationale, mais plutôt dans un paradigme où l'addition des nations fonde une civilisation : en défendant une partie, on n'oublie pas le tout, mais au contraire, on le renforce. Le patriotisme constitutionnel européen, souhaité par les pères fondateurs de l'Europe, reste un vœu pieux face aux patriotismes nationaux.

Force est de constater que si l'Union Européenne est drastiquement déconnectée de ses citoyens, c'est parce qu'elle s'est dotée d'institutions absolument fédéralistes, alors qu'elle existe, dans l'imaginaire des Européens et dans leur identité, comme une Europe des Nations. Certes, ce qui rapproche tend à prendre plus d'importance en temps de crise, et la crise migratoire actuelle pourrait, en ce sens, être un terreau fertile pour l'éclosion et l'affirmation d'une identité européenne ; on sent pourtant que l'heure est, plus que jamais, pour le meilleur et pour le pire, au renforcement des identités nationales, ce qui n'est pas sans remettre en cause des paradigmes multiculturalistes présentés depuis plusieurs décennies comme la panacée -tout particulièrement en France, où le patriotisme a parallèlement reculé en tant que valeur fondatrice, remplacé par une forme imposée de culpabilité nationale et de dénigrement de soi au profit de tout ce qui est étranger, et de préférence nettement lointain et exotique.

Dans une certaine mesure, l'échec constaté jusqu'à ce jour à développer une identité européenne post nationale est l'échec de la pensée ultralibérale qui nie l'existence d'un éthos de la citoyenneté, et donc de la Nation, dissolvant littéralement la spécificité des us et coutumes de celle-ci pour ne plus considérer l'individu que comme un agent économique dont il faut maximiser les préférences rationnelles, ou prétendues telles, pour maximiser les profits en évitant autant que possible de segmenter le marché. C'est le sens profond de la volonté bruxelloise de convergence des normes, souvent ressentie par les citoyens européens comme arbitraire et déshumanisante ; c'est aussi le sens profond des traités CETA et TAFTA, dont la perspective est si mal vécue dans les divers pays de l'Union. S'il y a bien une civilisation européenne, il n'y a pas de nation européenne, même à l'état embryonnaire, parce que le fédéralisme européen n'a pas su devenir, ou générer, un modèle civique -le modèle civique reposant nécessairement sur une dimension éducative pour transmettre des valeurs partagées et sur des symboles communs pour générer un sentiment d'appartenance, constituant l'envers à peine voilé d'une vision étatique souverainiste. Or l'Europe ne saurait porter une vision étatique, car elle ne s'est pas construite comme une réalité politique, mais comme un espace économique.

Pourtant, parmi ceux qui prennent conscience de l'absolue nécessité de renégocier les traités européens pour donner à l'Union les fondements protecteurs des valeurs et intérêts communs de ses citoyens, indispensables si elle veut continuer à exister, des positions relevant de la défense d'une identité commune –même si c'est pour l'instant essentiellement une identité économique- commencent à se faire jour. Ainsi, Nicolas Sarkozy, en réponse notamment aux tentations protectionnistes affirmées par Donald Trump, souhaite que l'Union Européenne se dote d'un Buy European Act, d'une taxe carbone aux portes de l'Europe et de mesures anti-dumping contre les industries en surproduction basées dans les pays émergeants, tels que la Chine. On pourrait y voir les bases d'un patriotisme économique européen, qui pourrait préfigurer l'émergence, à moyen terme, d'un patriotisme européen tout court, si cette dimension économique se trouve renforcée de façon adéquate par la prise de conscience d'une identité commune plus forte que les particularismes nationaux.

Le divorce entre l'Europe et ses citoyens, l'absence de sentiment d'appartenance à une nation européenne, et même d'existence de celle-ci, est probablement le fruit de l'absence d'une personnalité et d'une fonction qui incarnent l'Europe comme une évidence aux yeux des Européens... et du reste du monde. Si l'Europe est souvent perçue comme désincarnée et technocratique, c'est sans doute parce que ça technostructure a cru pouvoir se passer d'un gouvernement pour se contenter d'une gouvernance. Mais une gouvernance n'est pas porteuse d'identité, n'incarne pas une nation, d'où la recherche d'une figure tutélaire –historique ou contemporaine- qui pourrait incarner l'Europe et lui donner une réalité, ce qui est loin d'être anecdotique pour se projeter sur le long terme et partager une ambition commune qui soit un moteur économique, social et culturel. Tant que les citoyens des pays de l'Union Européenne ne se percevront pas comme des citoyens européens, tant que la supranationalité ne sera pas devenue un élément identitaire à part entière, un vecteur de définition de soi comme peut l'être la nationalité, l'Europe continuera à paraître lointaine, son action sur la vie quotidienne de chacun au mieux fort peu perceptible, et elle se trouvera souvent accusée de tous les maux -de façon paradoxale, puisque l'idée européenne continue d'être aimée pour ses bienfaits, à commencer par sept décennies de paix à l'intérieur de ses frontières. A ce titre, la reconnaissance, l'affirmation et la défense de valeurs communes apparaissent comme des dimensions incontournables pour que l'Europe devienne enfin un vecteur d'identité explicite, et retrouve cet optimisme, cette flamme qui construit les civilisations et en porte le flambeau, qui semble s'être diluée dans la perplexité face aux déséquilibres et la désappropriation identitaire engendrés par une globalisation plus subie que pensée ou voulue, et d'autant plus mal supportée que la crise migratoire actuelle et sa gestion minimaliste apparaissent comme ses conséquences directes.

Le citoyen d'un Etat-Nation était, et espérons-le, demeure, par définition, identifiable et capable de s'identifier. Ce n'est certes pas ce que l'on attend du consommateur dans un grand marché mondial pour lequel la convergence des réglementations, des identités et des habitudes de vie est la première nécessité, comme si ne plus devoir assumer les surcoûts de l'intelligence culturelle et de l'adaptation des campagnes marketing et des méthodes de management valait tous les renoncements. Renoncer à l'identité nationale aurait pu être un choix européen consenti, mais il aurait signifié, encore une fois, l'émergence de la conscience forte et partagée d'une identité européenne, qui est la grande absente ; c'est pourquoi, s'il y a bien une civilisation européenne riche de son Histoire commune, de ses mœurs et de ses valeurs partagées, il n'y a pas, à ce jour, de nation européenne, fondée sur des ressources et aspirations culturelles communes autant que sur une assise territoriale. Il faut comprendre, pourtant que ce n'est pas l'intuition géniale de Jean Monnet qui est remise en cause, même par les plus fervents eurosceptiques, mais plutôt la façon dont on tente de mettre en œuvre ce moteur de croissance continentale. Du point de vue du citoyen, l'Union Européenne y perd sa dimension fantasmatique, qui se dissout dans l'impression persistante d'une technocratie intrusive sans utilité apparente, elle-même téléguidée par des lobbys qui n'ont même pas toujours le bon goût d'être européens , et le point de vue des Etats candidats à l'adhésion, voire de certains Etats membres, pourrait finir par se rapprocher de celui de citoyens si des réformes structurelles profondes ne sont pas entreprises, afin de permettre à l'Europe de retrouver ses fondements philosophiques, identitaires et populaires, et de se reconstruire en respectant ce triptyque, créant ainsi une communauté morale apte à servir de base à une communauté politique et faisant de la nation européenne, si ce n'est une réalité, du moins une possibilité inscrite dans le temps long.

L'Europe s'est-elle trompée d'inflexion politique, et si oui, quand s'est-elle trompée d'inflexion politique ? Le premier diagnostic est très factuel, et est une question d'échelle : bien que l'Europe ait été pensée à l'échelle d'un continent, ses modes de fonctionnement ont été conçus pour six pays fondateurs, qui auraient presque pu se penser comme une nation en quelques décennies à peine, car très proches du point de vue économique et culturel, avec des situations structurelles très comparables, et des aspirations politiques et diplomatiques guère plus éloignées. Or, ces modes de fonctionnement se sont au final peu réformés malgré les élargissements successifs, qui ont certes agrandi le territoire européen, mais tout autant et plus encore ses disparités internes, dans tous les domaines. Et comme, ce constat posé, au lieu de repenser les fondements, on s'y est accroché comme à des Tables de la Loi, il a bien fallu chercher à compenser les dysfonctionnements quotidiens, en gérant les effets plutôt que de s'attaquer aux causes, et faisant ainsi de l'Union Européenne un archétype et une caricature des grands maux de nos démocraties contemporaines : le poids de la technocratie et l'inflation législative. La dimension technocratique est magistralement illustrée par la Commission européenne où, souvent avec les meilleures intentions du monde, ou encore sous l'influence de lobbys pour lesquels ils finiront parfois par aller travailler dans de très avantageuses conditions, des technocrates sans visage, persuadés de savoir mieux que les Etats, que les parlementaires et que les citoyens européens ce qui est bon pour eux, échafaudent d'invraisemblables législations au gré des priorités changeantes de leur présidence. Dans cette optique, c'est généralement l'homogénéisation qui est à l'œuvre, avec en filigrane l'idée qu'elle contribuera à renforcer l'intégration européenne... Vision qui s'attache à ignorer totalement les conditions psychologiques nécessaires à cette intégration –qui tournent toutes autour de la notion d'identité-, pour leur substituer, de façon plus expéditive, mais au final moins efficace, des critères et des normes. D'où l'inflation législative !

L'aspect de la législation européenne, pléthorique, relève des 751 parlementaires qui, si certains ont brigué ces fonctions pour défendre une vision forte de l'Europe et les intérêts particuliers de leur pays dans sa mise en œuvre, sont, pour d'autres, purement et simplement des naufragés ainsi « recasés » sur une liste à la suite d'un échec lors d'un scrutin national : là encore, l'Europe, échelon non porteur d'identité, passe après la nation. Ces derniers, moins sensibles que leurs homologues aux questions européennes et à leur complexité, sont aussi généralement les plus pressés de légiférer pour exister et pour qu'on parle d'eux... Défaut d'ego dont certains lobbyistes pourtant dûment accrédités usent et abusent, venant leur livrer clefs en mains des amendements où ils n'ont plus qu'à apposer leur nom pour les déposer. En 2014, cette inflation législative, qui s'ajoute aux lois nationales, a produit pas moins de 107 000 pages supplémentaires de directives et règlements. Ajoutons à cela que l'écrasante majorité de ces directives est quasiment incompréhensible pour le commun des mortels, même armés de courage et de bonne volonté, car elles ont été élaborées par des techniciens pour infléchir des prescriptions techniques. Le souffle épique, voire la simple volonté politique claire, sont rarement au cœur de la législation européenne, d'autant plus mal perçue que les gouvernements nationaux chargés de la mettre en œuvre partagent parfois la perplexité de leurs concitoyens quant à sa pertinence ou à son intérêt fondamental.

L'Europe, technocratique par structure et exagérément portée à légiférer du fait du mode de désignation de ses représentants, porte ainsi en elle le double germe de sa déconnexion avec ses citoyens, et d'une incompréhension d'autant plus profonde qu'elle semble mutuelle. Pourtant, l'ADN du projet européen est toujours cher aux citoyens de l'Union, et plus encore aux citoyens français de l'Union, qui ne manquent pas de se souvenir que si le 9 mai est le jour où l'on célèbre l'Europe, c'est en hommage au discours fondateur prononcé par Robert Schuman, alors Ministre des Affaires Etrangères, le 9 mai 1950, où il évoquait la nécessité de créer une synergie, des solidarités et des intérêts communs tels, qu'ils « manifestent que toute guerre entre la France et l'Allemagne devient non seulement impensable, mais matériellement impossible ». De ce projet qui semblait alors à la fois fou et visionnaire, les premiers bourgeons émergèrent à la lumière moins de sept ans plus tard quand, le 25 mars 1957, fut signé à Rome le traité instituant la Communauté Européenne du Charbon et de l'Acier. Nos concitoyens, aussi critiques et désenchantés soient-ils face à la complexité des institutions européennes et des différents échelons territoriaux qui en découlent (28 pays dans l'Union, dont le territoire n'est pas celui de l'espace Schengen, qui a lui-même un périmètre différent de celui de la zone Euro... un vrai casse-tête !), restent attachés, et même profondément attachés à cette idée fondatrice d'une Europe porteuse de paix et de prospérité, et la nécessité de réformer ne passe pas nécessairement, quoi qu'en montre le Brexit, par la volonté de supprimer une structure supranationale qui, malgré ses imperfections, remplit, depuis sept décennies, son rôle de vecteur de paix et de prospérité.

Mais l'amour de l'Europe et le sentiment d'appartenance à celle-ci passe à la fois par le non contournement des identités nationales par les règlements européens –songeons qu'il a fallu faire inscrire la gastronomie française au Patrimoine immatériel de l'UNESCO pour protéger les fromages au lait cru, menacés par une directive européenne qui visait à faire de la pasteurisation une norme impérative-, et par la définition claire et assumée d'une identité européenne partagée, appuyée sur des valeurs communes -condition indispensable de l'émergence d'une nation européenne. L'exercice n'est pas simple, mais il est indispensable, et il est exaltant. La complexité résulte de diversités liées à l'Histoire : en Europe, les républiques côtoient les monarchies, les religions d'Etat, catholiques ou protestantes, côtoient différents modèles de laïcité, la sensibilité à l'économie libérale ou à l'interventionnisme étatique n'est pas la même à l'Est et à l'Ouest du territoire de l'Union... Et pourtant !

Pourtant, si l'on interroge n'importe quel citoyen d'Europe, il dira qu'être Européen a un sens, et un sens générateur de fierté. Peut-être pas le sens que nous y attachions quand, du XVIème au XIXème siècle, les pays européens pensaient avoir une mission civilisatrice, mais aussi une conscience de valeurs communes qui existaient alors plus qu'aujourd'hui, même si certaines ne se sont mises en place que très lentement ou tardivement. Une vision de l'Histoire basée sur le progrès, qu'il soit moral, scientifique ou technique. L'héritage de la philosophie grecque, qui nous a donné en partage la démocratie. Celui des Romains, de leurs routes sillonnant le continent, de leurs systèmes d'abduction d'eau, et même l'idée d'une gouvernance paneuropéenne. Le legs, plus discret, mais tout aussi présent, de nos ancêtres celtes, pour qui l'égalité homme/femme et la séparation tripartite des pouvoirs étaient des évidences. Le creuset spirituel essentiellement judéo-chrétien, dans lequel a pris racine le respect fondamental de la vie et du libre-arbitre, mais aussi l'idée de la laïcité et celle de tolérance religieuse. Des parentés architecturales, musicales, artistiques, littéraires… bref une indéniable esthétique commune… Il y a bel et bien, fût-ce en filigrane, une identité européenne, qui ne demande qu'à être incarnée pour redevenir vivante et fédératrice, et que Paul Valéry résume dans les grandes lignes au travers de cette citation : « J'appelle européenne toute terre qui a été successivement romanisée, christianisée et soumise aux disciplines et à l'esprit des Grecs. ». Tous les Etats européens, toutes les nations européennes, peuvent se reconnaître dans cette définition, et porter atteinte au moindre des termes de cette définition, somme toute minimaliste, porte atteinte à l'ensemble des nations européennes et à ce qu'elles partagent.

L'Europe, étendue à 28 Etats –de nouveau 27 d'ici deux ans-, avec chacun des aspirations légitimes venant s'ajouter aux aspirations communes ou interférer avec elles, selon les cas, a plus que jamais l'impérieux besoin de se définir et d'être pour les citoyens de l'Union un vecteur d'appartenance et de fierté pour demeurer, voire redevenir, le vecteur de croissance et de prospérité qu'elle n'aurait jamais dû cesser d'être. La paix et la prospérité sont à la base même de l'idée européenne, et c'est donc dans ces deux domaines qu'elle est la plus légitime. Par chance, ce sont aussi les deux domaines où elle est la plus efficace.

Aurions-nous besoin de mythes européens comme nous avons des mythes nationaux, si nous voulons voir émerger une nation européenne, porteuse d'une identité commune, là où il semble désormais si difficile de défendre les identités nationales face au paradigme multiculturaliste en vigueur ? Même en ces temps où l'enseignement de l'Histoire s'appauvrit dans notre pays jusqu'à être considéré comme quantité négligeable, Vercingétorix, Saint Louis rendant la Justice sous un chêne, Jeanne d'Arc, ou encore Napoléon franchissant le premier le Pont d'Arcole sous le feu ennemi, l'étendard à la main, pour galvaniser ses troupes, demeurent des symboles forts dans notre imaginaire collectif. Quelle figure tutélaire portera le drapeau étoilé de l'Europe pour faire franchir à ses citoyens leur Pont d'Arcole symbolique, qui fera d'eux des citoyens conscients et fiers d'appartenir pleinement à une même aire culturelle, à une sorte de supra nation qui les structure et les définit ? Parce qu'aujourd'hui, nous en sommes loin : quand Jean-Claude Juncker déclare, à propos de la crise grecque, que « la démocratie nationale ne peut pas avoir raison face aux règlements européens », il a juridiquement raison, mais il a moralement tort, car les Grecs, comme tous les citoyens de l'Union si on les interrogeait à ce sujet, d'ailleurs, accordent une importance considérablement plus grande à leur démocratie nationale, génératrice d'identité et de valeurs communes, qu'à n'importe quelle directive européenne, quel que soit leur attachement à l'Europe -et on sait qu'il est particulièrement fort en Grèce. Question de sentiment d'appartenance.

Il semble que la tentation ait été grande, à l'orée du XXIème siècle, de penser que ce sentiment d'appartenance, premier pas vers la construction d'une nation européenne, irait de soi sous l'effet conjugué de l'institution d'une monnaie commune et de la convergence des économies – et donc, a-t-on voulu supposer, des modes de vie. Il n'en est rien, et nous ne pouvons ignorer que les économies de 19 Etats membres de la zone euro, qui devaient converger grâce à celle-ci, divergent au contraire chaque jour davantage, tant par l'affirmation de leurs spécificités qu'. Au temps pour les monétaristes forcenés : l'économie ne crée pas de sentiment d'appartenance, et un espace monétaire commun sans une gouvernance démocratique commune, appuyée sur des valeurs fortes, fait de moins en moins sens. D'autant qu'on a vidé de son sens l'Union douanière alors même que l'on instituait l'Union monétaire, en réduisant à néant la notion de préférence communautaire, ce qui, en plus d'être paradoxal, a rendu impossible la naissance d'une forme de patriotisme économique européen, qui aurait pu se faire jour au travers de l'acte quotidien, facilité, d'acheter et de vendre, mais aussi de consommer, préférentiellement en Europe. Il ne sert à rien de regretter le passé : le Marché Unique européen n'apparaît aux citoyens européens que comme une tête de pont de la mondialisation qui les dépouille de leur identité et ne prend en compte ni leurs valeurs, ni leurs spécificités. Ce n'est donc pas sur le terrain économique, bien qu'il soit l'une de ses missions premières, que l'Europe peut espérer gagner le combat du sentiment d'appartenance qui la rapprochera de ses citoyens et les rapprochera entre eux, mais bel et bien sur celui des valeurs. Et celles-ci se transmettent mieux lorsqu'un symbole vient les incarner : l'imaginaire européen doit venir enrichir et compléter l'imaginaire national.

Les symboles historiques jouent, ou du moins pourraient jouer, un indéniable rôle structurant de l'espace politique commun en Europe, et du « sentiment national –nationaliste ?- européen » : c'est là un enchaînement logique. Les Pères de l'Europe, de Robert Schuman à Jean Monnet, ne sauraient jouer ce rôle : en dépit de leur place capitale dans la construction européenne, ils ne sont pas vraiment présents dans l'imaginaire collectif –même en France, leur pays d'origine. Quant à Europe, princesse phénicienne, fille d'Agénor, roi de Tyr, qui donna son nom à notre continent après avoir été séduite par Zeus, qui avait pris pour l'occasion la forme d'un taureau blanc afin d'échapper à la jalousie de son épouse Héra, elle est trop mythologique, et donc trop irréelle, pour être un vecteur pertinent d'identification. C'est donc parmi les grands personnages historiques que l'on peut espérer trouver une figure tutélaire pour incarner l'aventure européenne, sans perdre de vue le fait que que nos valeurs communes ne sauraient se résumer à une icône : ce n'est qu'un vecteur symbolique pour les comprendre et les affirmer. On pourrait ainsi valoriser le personnage de Charlemagne, véritable visionnaire dans sa volonté d'étendre son Empire dans toutes les directions, et d'être le garant d'un équilibre à l'échelle d'un continent, et peut-être ainsi lui donner une place centrale dans le débat sur les objectifs et les fondements de la construction européenne. Cette figure tutélaire permettrait-elle à la fois de légitimer le processus de construction politique et symboliser les valeurs communes des Européens ? On peut le penser, et l'importance possible du mythe impérial fait d'autant plus sens que l'on admet que la construction européenne n'est pas qu'affaire juridique et économique, mais qu'elle avance aussi en prenant appui sur des processus discursifs.

L'Europe ne pourra se rapprocher de ses citoyens qu'en devenant un imaginaire collectif ; c'est, à n'en pas douter, aussi important et plus structurant que la réforme des institutions communautaires, car c'est la condition pour que les institutions communautaires deviennent des lieux de démocratie incarnée et de proximité plutôt que des symboles de l'arbitraire technocratique. On peut aussi supposer que si l'Union veut voir émerger une véritable nation européenne, elle doit devenir le lieu où se règlent les problèmes qui impactent la vie des citoyens, plutôt que le lieu où sont prises les décisions qui les posent : à cet égard, si le règlement de la crise migratoire actuelle passe par la concrétisation de tentations partitionnistes et une reprise en main par les Etats-Nations de ce dossier ô combien délicat, l'émergence d'une identité européenne se trouvera compromise, probablement pour de nombreuses années ; elle cessera surtout d'être une aspiration pour qui que ce soit. Le retour aux nationalismes qui en résulterait aurait pour conséquence inévitable de souligner durablement les particularismes plutôt que les points de convergence, et de renforcer chaque communauté nationale dans son rôle d'échelon unique d'affirmation de l'identité et des solidarités.

Les identités nationales ne sont pas la négation d'une identité commune européenne : elles en sont les composants. De même, les nations en Europe n'obèrent pas nécessairement toute possibilité d'émergence d'une nation européenne, mais il semble que la nation européenne ne puisse aspirer, à court ni à moyen terme, espérer les remplacer ou les supplanter. Qu'il s'agisse de construire une nation européenne ou de préserver les nations existant en Europe, ou encore de construire une nation européenne pour préserver les nations d'Europe, c'est un défi dont chaque citoyen devra prendre sa part, se souvenant de l'affirmation d'Antoine de Saint-Exupéry selon laquelle « une civilisation repose sur ce qui est exigé des hommes, et non sur ce qui leur est fourni ». Une nation aussi.

B- Identité française ou mondialisation ?

La mondialisation trouve indéniablement ses racines dans une volonté d'agrandir, voire de globaliser l'espace économique, de faire converger les règles commerciales et les habitudes de consommation, afin de créer un grand marché unifié, si possible à l'échelle de la planète, où le citoyen serait réduit, pour l'essentiel, à sa fonction de consommateur et d'agrégat économique dépourvu de toute spécificité. Cette logique mercantiliste s'avère néanmoins de plus en plus visiblement défaillante, et les convergences de cultures et de valeurs attendues ne sont pas au rendez-vous : quand les citoyens estiment que leur identité commune se trouve ou remise en cause, où que ce soit à travers le monde, la Nation, tout au contraire, devient une valeur-refuge, et les spécificités qui la définissent sont de plus en plus clairement revendiquées. C'est fort probablement au travers de ce prisme qu'il faut considérer la récente élection de Donald Trump aux Etats-Unis, la popularité dont continue à jouir Vladimir Poutine en Russie alors même que nombre de ses décisions ne sont pas plébiscitées par ses concitoyens, ou encore le résultat du référendum italien du 4 décembre 2016, qui est l'expression en filigrane d'un souhait de «

moins d'Europe » et de « moins de mondialisme » au travers du rejet de la question de constitutionnalité posée par l'europhile Matteo Renzi, qui avait mis sa démission dans la balance.

Il importe donc d'évoquer le besoin d'affirmation identitaire qui remet de plus en plus à l'honneur les nations, et bat en brèche le paradigme mondialiste. Vers la fin du XXème siècle, on a assisté, de façon de plus en plus sensible, à la mise en place, selon l'expression de Jean TARDIF, d'une « hyperculture globalisante », qui voudrait affirmer sa nature universaliste, mais qui est avant tout perçue comme dénuée de racines et fondamentalement mercantile, ou du moins comme plaçant le bénéfice marchand potentiel que représentent les biens et services culturels bien au-dessus des valeurs symboliques qu'ils véhiculent. La dernière décennie du siècle passé a ainsi vu fleurir, lors des négociations du GATT, de l'OMC ou de l'OCDE, mais aussi à l'occasion de désaccords commerciaux bilatéraux ou régionaux, des tentatives pour soumettre les produits culturels aux lois du commerce… Il suffit d'ailleurs, pour s'en persuader, de voir à quel point la notion même « d'exception culturelle française » fait grincer des dents –en l'occurrence celles des cinéastes américains, principalement-.

Mais cette volonté d'imposer, quasi à marche forcée, une culture globalisante dans laquelle, au fond, personne ne se reconnaît vraiment, et ce pour des raisons ressenties comme peu éthiques, puisque derrière, en filigrane, on croit apercevoir l'espoir de profits plus larges et plus faciles, a très logiquement abouti, en bien des points du globe, à des tentations de repli identitaire, au travers desquelles le mot de nationalisme a retrouvé un certain droit de cité, tandis que des notions longtemps considérées comme la panacée, telles que la globalisation ou le multiculturalisme, rencontrent de moins en moins d'écho. Certains voient dans la tendance actuelle un réflexe passéiste de fermeture face à un monde que la technologie a rendu nécessairement plus ouvert en réduisant le temps indispensable au transport des informations et des hommes, mais on peut aussi la lire comme l'impératif besoin de savoir qui nous sommes et où sont nos racines pour pouvoir aller vers l'autre. En ce sens, la nation n'enferme pas : elle est l'échelon de l'appartenance, celui dans lequel on se reconnaît, celui qui définit la spécificité différenciatrice qui donne des raisons d'échanger. Une nation ne peut être ouverte sur l'extérieur, ou à de nouveaux arrivants, que si elle est l'espace d'expression de la conscience partagée de valeurs et d'une identité commune, que si elle s'appuie sur la fierté de son Histoire pour bâtir un avenir où elle s'exprime pleinement.

On ne peut donc se contenter de déplorer la réaffirmation des cultures spécifiques : elles sont aussi un creuset de richesse intellectuelle et spirituelle et de diversité –dans le meilleur sens du terme, celui qui permet de s'affirmer, à la suite d'Antoine de Saint-Exupéry, en affirmant que *« Si tu diffères de moi, mon frère, loin de me léser, tu m'enrichis »*-, et c'est en étant conscient de sa propre identité et des valeurs explicites et implicites que l'on porte que l'on est le mieux à même de découvrir et de comprendre d'autres cultures, d'autres modes de vie, d'autres manières de percevoir et de penser le monde... Mais il est plus long de laisser se développer des convergences culturelles que de tenter de mettre en place, par une suprématie militaire, linguistique et économique déjà bien affirmée, une culture globale – même si cela apparaît, à l'analyse, comme une véritable faute stratégique.

Quoi qu'il en soit, on ne peut nier que la géopolitisation de la culture est lourde de conséquences, et en fait un territoire d'affrontements idéologiques et de civilisations. C'est d'ailleurs à cette problématique que se réfère la formule de Samuel Huntington de « choc de civilisation », dont les conclusions théoriques peuvent certes susciter des réserves, mais dont le constat liminaire ne souffre pas de contestation.

La question, pour tous ceux qui craignent de voir la culture durablement réduite à sa seule part mercantile ou au contraire uniquement à sa dimension identitaire, est donc de naviguer à vue entre les risques contradictoires d'homogénéisation et de retour vers une vision tribale, sans tomber de Charybde en Scylla, tant les conséquences de ces deux attitudes extrêmes peuvent s'avérer lourdes. Deux réponses doctrinales et opposées ont été apportées sur ce point, pouvant, dans une certaine mesure, être qualifiées l'une et l'autre d'Intelligence Culturelle. L'une passe par le développement du soft power, et la seconde par la prise en compte de l'expression des diversités culturelles.

S'agissant du soft power, force est de constater que les Etats lui ont accordé une attention d'autant plus grande qu'ils ont des ambitions économiques que l'on pourrait qualifier d'hégémoniques, et qu'une attention toute particulière y est ainsi accordée par la Chine, le Japon et les Etats-Unis, chacun à leur manière, comme nous le détaillerons plus loin. Dans tous les cas, le soft power résulte d'une alliance très efficace entre le pouvoir étatique et les intérêts privés, alliance qu'il contribue d'ailleurs à renforcer. Le concept de soft power a été popularisé en 1990 par Joseph Nye, professeur à la Kennedy School of Government, au sein de l'Université d'Harvard, dans son ouvrage « Bound to Lead : the Changing Nature of American Power », où il exposait l'idée que, dans un monde post Guerre Froide ayant rompu avec le paradigme de la bipolarisation, il était essentiel pour les Etats-Unis de repenser les instruments de leur politique étrangère. Il conseille à cette fin de s'appuyer davantage à la fois sur les organisations internationales et sur des atouts civils tels que la langue, la culture, les universités et les médias, créant ainsi une forme d'internationalisme libéral qui fut la pierre angulaire de la diplomatie de Bill Clinton durant sa présidence. Aucune trace d'idéalisme, toutefois, dans l'approche de cet auteur, qui voit dans le soft power un outil propre à augmenter la probabilité d'obtenir les concessions qui l'arrangent, que ce soit lors de négociations diplomatiques ou commerciales, bref à créer un environnement favorable à la défense des intérêts de celui qui l'exerce. Il est par ailleurs à noter que, si ce sont les Etats-Unis qui ont développé le concept de soft power, ce sont aujourd'hui les pays émergents, et notamment l'Inde, la Chine et le Moyen-Orient, qui en ont la plus grande maîtrise et la pratique la plus aboutie.

Une grille de lecture fondée sur la pluralité et la diversité des cultures met au contraire l'Intelligence Culturelle au rang d'outil de régulation mondiale, où la culture apparaît comme un bien public commun, et qui se fonde sur une approche des relations internationales basée sur la coopération et une forme de réciprocité –même si cette dernière peut être asymétrique. Les nations sont, dans ce cadre, respectées chacune dans leur spécificité, mais même nécessairement au cœur d'échanges mondiaux, dont personne ne nie le caractère pertinent et indispensables, même parmi ceux qui souhaitent en redéfinir les équilibres. Théorisée dès 2000 à l'UNESCO, la diversité culturelle, qui traduit, au final, la diversité des nations et leurs spécificités intrinsèques, a été définie et énoncée l'année suivante dans la très méconnue Déclaration Universelle sur la Diversité Culturelle, puis formalisée, en 2005, au travers de la Convention sur la protection et la promotion de la diversité des expressions culturelles. Et ce n'est sans doute pas une coïncidence si c'est à peu près à la même époque que l'UNESCO a commencé à se préoccuper du classement et de la préservation du patrimoine immatériel, vecteur privilégié de transmission des langues et des cultures vernaculaires.

Malheureusement, on doit constater que l'UNESCO a, depuis, parfois eu tendance à sortir de ce rôle fort louable de protecteur de la diversité des cultures et de la spécificité des nations, l'exemple le plus flagrant étant la résolution qui, à l'automne 2016, s'attacha à nier le lien historique de Jérusalem avec le judaïsme… Nier l'Histoire d'un peuple, c'est porter atteinte à son identité commune, et par là même à son intégrité en tant que nation. C'est pour cette même raison que les lois mémorielles, même si elles s'appuient, en règle générale, sur une intention fort louable du législateur, peuvent être regardées avec une certaine réserve, et doivent en tous cas rester l'exception plutôt que la règle : figer l'Histoire par la loi n'est pas la réviser –il s'agit même, parfois, d'empêcher le révisionnisme-, mais cela peut parfois aboutir quasiment au même résultat : ce n'est plus la nation qui forge et fait évoluer au fil du temps l'image qu'elle se fait d'elle-même, c'est le législateur qui définit cette image. Certes, le législateur est le représentant de la République, expression politique de la volonté de la Nation, ce qui n'est pas le cas s'agissant de la résolution de l'UNESCO, mais représenter la nation ne donne pas de légitimité pour lui fixer un cadre qui différerait de celui de son ressenti collectif. Chaque nation a une vie propre, et c'est cette vitalité qui lui donne l'envie d'exister, déclenchant de compréhensibles réponses identitaires quand elle se sent menacée. Au final, on ne peut espérer bien vivre ensemble qu'au sein d'une nation qui perçoit, collectivement que ses valeurs et son Histoire, parties intégrantes de son ADN, son pleinement appréciées et respectées par chacun de ceux qui la composent ou qui la côtoient durablement –y compris et surtout ceux qui s'établissent sur son territoire.

Les mouvements de populations sont une réalité mondiale, et ont des causes tant géopolitiques qu'économiques ou climatiques ; s'il semble aujourd'hui difficile de les endiguer réellement, il n'en demeure pas moins vital de veiller à ce qu'il s'accomplisse dans le respect de chaque nation sur son territoire, et donc des valeurs et de la culture vernaculaires. Arriver, c'est accepter l'impérative obligation de s'adapter. Les tensions que connait actuellement la société française concernant l'accueil des migrants n'a pas d'autre cause que l'absence de volonté de ces derniers de s'assimiler pleinement à la Nation, d'en devenir partie intégrante en en adoptant sans réserve la culture, les codes, les comportements et les valeurs. Ceci n'a rien d'une spécificité française : il en va de même en Allemagne ou en Italie, et tout pays qui accueille veut se voir intégralement respecté, dans ses modes de vie comme dans la philosophie qui les sous-tend.

Pour en revenir brièvement à la Convention UNESCO de 2005, elle se veut fondamentalement opposée aux visions de la culture basées sur l'hégémonie et la concentration, ce qui lui a valu une farouche opposition des Etats-Unis à son adoption. Ce texte invite également à un rééquilibrage de la relation culture-commerce en faveur de la culture, notamment pour protéger celle-ci d'un point de vue juridique, en la détachant autant que faire se peut du domaine de compétences du droit commercial, en établissant une parité normative entre les règles commerciales et les règles spécifiques au secteur culturel. En un sens, cette Convention pose donc des jalons protecteurs de l'identité de chaque nation face aux tentations uniformisatrices de la mondialisation. La diversité culturelle, ainsi théorisée, se veut une alternative à la fois à une culture globalisée et à la réponse paradoxale qu'elle peut générer sous forme de choc des civilisations, récusant ainsi aussi bien Fukuyama et sa vision qui prédit la fin de l'Histoire, que Huntington, que nous avons déjà évoqué.

La première décennie du XXIème siècle, qui semble avoir été marquée par une tendance à la redistribution de la puissance – songeons notamment aux BRIC, et plus largement aux pays émergents-, en particulier économique, a donc vu s'opposer une approche compétitive et son cortège de tentations oligopolistiques, voire monopolistiques, et une doctrine coopérative... et les deux, chacune à leur manière font à la culture une place de premier plan, l'une comme outil d'influence, l'autre comme support d'une diversité fédératrice, car symbolisant un patrimoine commun : la nation, comme espace d'expression d'une culture spécifique, ne nie pas l'existence d'un patrimoine mondial, partagé par toute l'humanité ; elle tient au contraire à l'irriguer et à l'enrichir durablement de ses particularismes.

Mais le monde continue d'évoluer et, signe des temps, Joseph

Nye, dans une analyse évolutive parue à l'automne 2010 dans le numéro 129 de Politique Internationale, explique que le soft power de l'ère CLINTON a laissé la place, sous la présidence de Barack Obama, au « smart power », qui voit coexister soft et hard power. Ce paradigme qui semble désormais faire prévaloir le smart power sur le soft power n'est cependant pas généralisé. Ainsi, la Chine, qui véhicule, à son corps défendant, une image plutôt agressive, que ce soit sur le plan militaire, économique ou monétaire, s'appuie sur le soft power pour promouvoir sa langue et sa culture impériale – avec laquelle elle a pourtant rompu depuis des décennies-, afin de rendre son image plus attrayante. Il suffit de voir la multiplication rapide des Instituts Confucius partout dans le monde ces dernières années pour en être persuadé : en 6 ans, de 2004 à fin 2010, 210 Instituts ont ainsi été ouverts dans une cinquantaine de pays, dont 12 dans l'Hexagone. Et, dans le même temps, elle œuvre pour attirer chez elle des étudiants étrangers. La Chine a donc fabriqué son plus efficace outil d'influence en s'appuyant sur ce qu'elle est, de toute éternité, dans son imaginaire collectif : c'est donc bien l'expression pleine et entière de l'identité nationale qui permet ici d'aller vers les autres, que ce soit dans un esprit de coopération culturelle ou d'échanges commerciaux et diplomatiques. Pourtant, cette mise en œuvre particulièrement volontariste d'une politique active d'Intelligence Culturelle tient plus de l'opération de communication et de séduction que d'une volonté d'introduire des changements structurels majeurs : répression des minorités – notamment au Tibet-, arrestation de militants des Droits de l'Homme et censure sur Internet se poursuivent, d'ailleurs d'autant plus facilement que le pays s'achète, au travers de ses actions culturelles internationales, une image de respectabilité toute neuve...

Devenue incontournable, l'Intelligence Culturelle, espace d'affirmation et de confrontation des identités nationales, peut donc parfois aussi participer d'un jeu de dupes, mais est dans tous les cas multiforme par essence, à la fois grille de lecture pour déchiffrer le monde contemporain dans toute sa complexité et levier pour en maîtriser les mutations, toujours plus rapides du fait d'une multipolarité encore instable, facteur de diversification croissante des protagonistes, étatiques ou non. Rien ne permet de penser qu'elle peut ou se destine à supplanter les vecteurs classiques, militaires et économiques, d'appréciation de la puissance, mais elle se déploie et apporte parfois des réponses et des outils à la fois sur ces terrains et sur ceux, encore à défricher, des nouveaux enjeux auxquels l'humanité doit faire face. Les spécificités différenciatrices propres à chaque nation, et leur capacité à les affirmer, apparaissent ainsi, dans tous les domaines, comme le meilleur vecteur d'échanges, sur la base de la complémentarité d'identités nationales affirmées.

Dans un monde où les nouveaux médias, et en particulier Internet, font que tout un chacun est non seulement consommateur, mais aussi producteur d'information, l'Intelligence Culturelle conduit à se rappeler de l'importance qui doit être accordé à un art de moins en moins souvent pratiqué avec talent, sous l'effet de la volonté de s'exprimer dans un style qui puisse être traduit par un traducteur en ligne : celui du choix du mot juste, de l'expression qui va permettre la transmission de la bonne émotion. L'absence de neutralité du choix d'une dénomination est bien illustré par celle « d'exception culturelle », qui n'a pas convaincu sur un plan international, car elle semblait se référer à une forme d'ethnocentrisme, ou du moins de chauvinisme caractérisé et un peu méprisant... ce qui n'était pas du tout l'idée que l'on voulait faire passer.

A l'opposé, la notion de diversité culturelle, pourtant assez proche sémantiquement et sur le fond, est très vite apparue comme un concept fédérateur et universaliste, qui permettait à chaque nation de défendre à égalité son pré carré et de trouver sa place. L'exception culturelle, trop restrictive, n'aurait jamais pu faire l'objet d'un instrument de régulation au niveau international, alors que la diversité, plus englobante et établissant moins de jugements de valeurs entre les peuples et les nations qui les incarnent, y est pleinement parvenue. Il est aussi à noter que la soustraction du secteur culturel aux réglementations commerciales s'est faite sur le principe du consensus –la reconnaissance de la diversité, donc des spécificités nationales-, et non sur une posture de repli protectionniste, ce qui montre à quel point, malgré ses apparences très polarisées, le nouveau paradigme des relations internationales cherche à faire émerger le principe d'altérité comme une contribution positive. Parfois dénoncée comme un espace de repli identitaire par ceux qui parlent, généralement péjorativement, de la résurgence des nationalismes, la nation est donc ici, tout au contraire, présentée et défendue dans sa spécificité affirmée comme l'acteur par excellence des échanges internationaux, et comme la raison de ceux-ci.

Face à l'essoufflement des démarches institutionnelles unilatérales, l'Intelligence Culturelle –et donc l'affirmation de la spécificité nationale- est un précieux vecteur d'adaptation à un monde mouvant jusque dans ses segmentations, où l'interdisciplinarité, le traitement transversal, le multilatéralisme et en un mot, la géométrie variable, ont toute leur place. Toutefois, la bonne volonté partagée et la prise en compte des spécificités nationales ne suffisent pas toujours pour faire converger efficacement les visions du monde, même entre des pays géographiquement proches et que l'on classerait a priori comme appartenant à la même aire culturelle. A titre d'exemple, le rapport à la prise de risque et au principe de précaution est fondamentalement différent, que ce soit dans le domaine commercial, diplomatique ou normatif, entre la France et le Royaume-Uni. Et si l'on craint moins les effets secondaires inconnus potentiels des organismes génétiquement modifiés (OGM) outre-Manche que dans l'Hexagone, c'est sans doute en grande partie une question d'éducation : là où les Français ont tendance à pointer avant tout les erreurs de leurs enfants, ce qui contribue peu à renforcer l'ego et la confiance en soi et dans l'avenir, les Britanniques ont davantage tendance à complimenter et à valoriser, ce qui conduit à envisager la vie, la nouveauté, l'innovation, sous un angle spontanément plus positif. C'est ce genre de décalage inconscient dans la grille de lecture du monde, qui peut être générateur de malentendus et conduire les débats à s'enliser, que l'Intelligence Culturelle peut aider à décrypter, et potentiellement à atténuer... Si les instances européennes y avaient eu davantage recours durant la première moitié de l'année 2016, peut-être auraient-elles pressenti le résultat, somme toute pas très surprenant, du votre britannique du 23 juin concernant le Brexit ?

Il est, plus que jamais, indispensable d'avoir une lecture plus pointue des différences implicites dans les visions du monde et de la vie de ses interlocuteurs internationaux, mais aussi de lever des préjugés, en aidant à comprendre comment ils nous perçoivent et comment nous les percevons... car cela n'a de sens que si l'on considère la question sous les deux angles, sous peine de sur-considérer la paille en oubliant la poutre... Mais le préalable, dans tous les cas, est bel et bien dans la conscience individuelle et collective que la nation a d'elle-même : comment se comparer si l'on ne se connaît pas suffisamment pour constituer un point de référence solide, à la fois pour les autres et pour soi-même ? Le manque de capacité de la France à affirmer son identité nationale, à transmettre et à faire partager à ses enfants son Histoire, ses valeurs, et le patriotisme qui va logiquement avec, n'est sans doute pas sans rapport avec le sentiment de déclassement international ressenti et déploré par un nombre croissant de nos concitoyens, ni avec les projections qui prévoient, d'ici 2050, la rétrogradation de notre pays de la 8ème à la 10ème place en termes de PIB par habitant.

L'Intelligence Culturelle nécessite donc une remise en cause et une analyse au cas par cas, d'autant plus que c'est une discipline évolutive, parfois en fonction d'une actualité n'ayant que fort peu à voir avec la négociation que l'on souhaite mener ou les marchés que l'on veut pérenniser. Ainsi, à l'époque du refus de la France de s'engager dans la guerre d'Irak, qui suscita un net ressentiment de la population outre-Atlantique, on peut citer, parmi ceux qui subirent des dommages collatéraux sous forme d'un durcissement de la réglementation leur permettant d'exporter leurs produits aux Etats-Unis, les producteurs de roquefort français… Non seulement l'Intelligence Culturelle doit tenir compte des lieux et des contextes psychologiques inconscients, mais aussi de l'instantanéité dans l'évolution des perceptions. Challenge indispensable, mais évidemment difficile dans un monde où l'information circule vite et où les prescripteurs se multiplient ! La nation, en tant que point stable d'une définition permanente est, à ce titre, un indispensable repère.

Indispensable en temps de paix, le repère que constitue la nation l'est encore davantage en cas de conflit, et plus encore en cas de guerre larvée comme celle que nous menons contre le terrorisme aveugle qui a tant de fois endeuillé notre pays ces deux dernières années. En effet, les évolutions géostratégiques du monde, au cours de la dernière décennie, ont profondément modifié la nature même des conflits, qui au final, opposent de plus en plus rarement un Etat à un autre : la guerre contre le terrorisme et les contextes insurrectionnels ou révolutionnaires constituent désormais les principaux champs d'intervention. Les forces armées se déploient donc de plus en plus souvent dans des environnements opérationnels complexes, où non seulement les adversaires connaissent généralement mieux le terrain, mais où il n'est pas toujours évident au premier abord de les distinguer de ses alliés. De plus, face à la recrudescence des interventions qui ont lieu dans le cadre d'affrontements opposant des ressortissants d'un même Etat (Irak, Afghanistan, Lybie, Mali...), il devient absolument essentiel pour la puissance tierce, qu'elle agisse ou non dans le cadre d'un mandat international, d'éviter les erreurs d'appréciation ou de comportement, individuel et collectif, qui feraient ressentir sa présence comme une forme d'ingérence. Si les contextes sont de plus en plus complexes, la sensibilité des enjeux est, elle, de plus en plus patente.

Mais dans un tel cadre, l'Intelligence Culturelle, élément indispensable pour une bonne appréciation du terrain et des situations, peut aussi être, en elle-même, une arme particulièrement efficace, impliquant souvent le recours à toute une gamme de techniques asymétriques en réponse à des techniques de même nature. On peut noter, à ce sujet, que l'armée canadienne, dans *Opérations terrestres 2021 : Opérations adaptables et dispersées*, décrit un contexte où *« les combats de grande ampleur force contre force s'éclipseront de plus en plus au profit de guerres irrégulières conduites par des adversaires extrêmement adaptables soutenus par une technologie de pointe (...) et qui sont moins enclins à détruire des forces armées qu'à user la volonté de combattre de l'adversaire »*. Une guerre de plus en plus largement psychologique, donc, qui impose de comprendre les belligérants, leurs réactions et leurs motivations afin de pouvoir les utiliser comme leviers d'influence. Le même document précise que les zones urbaines auront tendance à devenir les zones privilégiées où éclateront les troubles, les adversaires *« tirant pleinement partie de l'environnement physique, moral et informationnel complexe qui caractérise les grandes villes populeuses »*.

Mener à bien des opérations militaires dans un espace de bataille par essence dynamique et complexe nécessite donc de mener des opérations fondées sur le renseignement, et sur une connaissance pointue de la population locale et des parties en présence, ce qui n'est pas évident même dans notre propre pays, ainsi que l'opération Ronce en est l'illustration : la difficile intégration à la Nation de certaines populations, nouvellement arrivées ou présentes depuis deux ou trois générations sur notre territoire, mais refusant de renoncer à des particularisme, anachroniques pour parfaire leur assimilation à la communauté nationale, oblige les forces armées, dans une logique d'anticipation d'éventuels troubles insurrectionnels, à les considérer comme des réalités sociologiques distinctes de la Nation dans son ensemble, et pouvant présenter, à ce titre, des réactions très différentes de la population générale. Hélas, on peut craindre que, désormais peu habituée ou encouragée à affirmer haut et fort son identité et ses valeurs, cette population générale, demeurerait assez léthargique, du moins dans un premier temps, même en cas de trouble majeur, faute d'une conscience claire de ce qu'elle a à défendre et de la légitimité de le faire. Au contraire, les minorités sur notre territoire, encouragées à une affirmation permanente d'elles-mêmes, surtout dans les quartiers où elles sont nombreuses, voire majoritaires, pourrait faire preuve de pugnacité, y compris et peut-être surtout dans la défense de revendications illégitimes, car profondément contraires à l'esprit de la Nation française. D'où la nécessité d'y voir un risque particulier, et d'anticiper des réponses appropriées, pour pouvoir pallier si nécessaire le risque que les zones de non-droit, qui se sont développées ces dernières années en certains points du territoire, ne puissent devenir des foyers de sédition. C'est la volonté de la Nation et ses valeurs, incarnées et traduites au travers des lois de la République et des us et coutumes vernaculaires, qui ont, seules, droit de cité sur le territoire national, et c'est notre capacité à les défendre qui forge notre destin commun.

La connaissance du contexte et des protagonistes, indispensable face à d'éventuels troubles locaux, comme ceux que nous venons de citer, mais aussi dans un contexte international, implique une analyse approfondie et dépourvue, autant que faire se peut, de biais ethnocentriques concernant le milieu et les motivations de l'adversaire. Il ne faut pas négliger la compréhension fine de la culture des populations, dont il pourra s'avérer nécessaire de savoir susciter l'adhésion. On peut, sur ce point, citer le brigadier général David Fraser, ancien Commandant de la brigade multinationale du Commandement régional sud de la Force internationale d'assistance à la sécurité, dans la région de Kandahar, qui reconnaît explicitement avoir sous-estimé l'importance du facteur culturel : « Je consultais la mauvaise carte. J'aurais dû regarder la carte des tribus, pas la carte géographique ». L'utilisation d'éléments tangibles (fleuves, montagnes, routes, etc...) de préférence au jeu subtil des alliances et des nuances historiques et culturelles est ici un parfait exemple de sur-rationalisation à l'occidentale, et d'une difficulté à percevoir l'importance d'un fait (ici, la prépondérance des tribus dans la géostratégie locale) qui en a peu ou pas dans notre vie quotidienne. La grille de lecture du monde que peuvent avoir les Français comporte d'ailleurs le même travers, puisqu'ils sont bien en peine de concevoir une nation autrement que « *Une et Indivisible* », ainsi qu'ils l'affirment depuis la période révolutionnaire, mésestimant même les problèmes que ce présupposé soulève quand il s'agit d'intégration de populations d'origine étrangère, même établies de longue date sur le territoire national. C'est pour cela, aussi, que les Français ont souvent du mal à voir le multiculturalisme comme un risque identitaire, et non comme un épiphénomène : si la République est « Une et Indivisible », si la Nation l'est aussi, elles le resteront de toute éternité, et rien ne peut menacer leur intégrité. D'où la lutte plutôt molle, voire le consentement implicite, face à un « tout vaut tout » qui fait courir un risque de dilution identitaire largement sous-estimé : même si l'expression « d'identité nationale » a mauvaise presse dans notre pays, la Nation n'existe qu'au travers de l'identité qu'elle affirme et qu'elle défend, indéfectible support des valeurs qu'elle veut léguer à la postérité.

La capacité de reconnaître et de comprendre les attitudes, les croyances, les valeurs et les comportements communs à un groupe, doit s'appliquer en tout premier lieu à nous-mêmes, non pas dans un quelconque esprit de supériorité, mais dans une saine volonté d'autodéfinition. A ce titre, l'Intelligence culturelle, que l'on en fasse un usage politique, militaire, diplomatique ou commercial, n'a de sens que si l'on part de la connaissance de soi, et n'est donc un outil pertinent que pour une nation pleinement capable de s'affirmer comme telle. Ce n'est pas un hasard si notre pays, où le patriotisme n'est guère en odeur de sainteté –quand on demanda aux Français de pavoiser leurs fenêtres en hommage aux victimes des attentats du 13 novembre 2015, combien avaient chez eux un drapeau tricolore ? C'est plus symptomatique qu'anecdotique-, est l'un de ceux qui, à travers le monde, rencontre le plus de problèmes d'intégration, et surtout les vit le plus mal, oscillant entre inaction et repentance aux causes mal définies, et hésitant à définir fermement les conditions non négociables au séjour sur notre territoire et à l'obligation de s'assimiler, pour ce faire, à la communauté nationale.

Bien que la discipline en tant que telle soit relativement nouvelle, et son utilisation dans un contexte militaire plus encore, il est intéressant de noter que des stratégies basées sur des éléments de la culture de l'adversaire ont toujours été utilisés et, dans la mesure du possible, tournés à son propre avantage, en situation de conflit. On pourrait sans doute dater cet usage, ou du moins sa première trace historique attestée, du Vème siècle avant Jésus-Christ quand, durant la guerre du Péloponnèse, qui opposa Athéniens et Spartiates, il fut envisagé par les premiers, durant la planification de la bataille de Mytilène, de lancer l'attaque au beau milieu d'une fête, de façon à accentuer l'effet de surprise et à en tirer avantage. Ce projet fut d'ailleurs abandonné pour une raison elle-même de nature culturelle, puisque les Athéniens craignirent que certains de leurs alliés, plus soucieux qu'eux des trêves imposées lors des célébrations religieuses, ne se retournent contre eux s'ils passaient outre.

Ce sont l'identité d'un peuple, les valeurs et habitudes communes qui le définissent, qui en font une nation, et en constituent les forces et les faiblesses ; c'est précisément pour cela que, loin de se diluer dans une culture qui se voudrait mondialisée, les particularismes se renforcent et les identités nationales, voire régionales, se réaffirment de plus en plus clairement. C'est par exemple le cas en Ecosse où, si le sentiment national a toujours été beaucoup plus écossais que britannique, le résultat du référendum sur le Brexit a donné à Nicole Strugeon, le Premier Ministre écossais, la première occasion depuis bien des décennies, voire des siècles, d'affirmer non seulement une identité écossaise spécifique et une volonté d'indépendance, mais aussi un positionnement différencié de la nation écossaise sur la scène internationale : plutôt s'éloigner à marche forcée du giron britannique que de sortir de l'Union Européenne avec les reste du Royaume-Uni. C'est le cas aussi en Corse, où les tensions de l'été 2016 autour du port du burkini ont montré le traitement différentié et beaucoup plus « musclé » qui en était fait sur l'Ile de Beauté par rapport au continent. Si l'on reconnaît que le particularisme des valeurs affirmées, affichées et défendues est le premier élément constitutif d'une nation, on peut même quasiment estimer que le gouvernement de Manuel Valls a implicitement encouragé, ou du moins s'est abstenu de décourager, une logique partitionniste, en s'abstenant en retour d'implanter le moindre centre pour migrants dans cette région lors du démantèlement de la Jungle de Calais, par crainte de troubles, et de réactions moins gérables de la population corse que de celle des autres régions. Toujours « Une et Indivisible

», la Nation française ?

S'agissant de la Corse, il est particulièrement intéressant de noter que cette affirmation forte d'une identité régionale se produit dans l'une des rares régions qui n'a –pour des raisons géographiques facilement discernables sur n'importe quelle carte– pas été affectée par une réforme territoriale qui a globalement déconnecté encore davantage, s'il était possible, la France de son Histoire : les nouvelles régions, par leur taille et leur logique de constitution largement ésotérique, n'ont plus guère de lien avec une identité, alors qu'elle en furent longtemps un vecteur privilégié : sous l'Ancien Régime, et en particulier au XVII et XVIIIème siècle, nombre de grands seigneurs n'avaient-ils pas coutume de désigner leurs cochers et valets par leur région d'origine, s'adressant ainsi à eux sous le nom de « Picardie » ou de « Lorraine » ? Là où les identités régionales ont été respectées par le découpage territorial, elles continuent d'exister, mais qu'en sera-t-il à moyen terme là où des logiques administratives plutôt que de continuité historique et culturelle ont prévalu ? Songeons ainsi à la Bretagne, maintenue à quatre départements, et donc toujours privée du château historique de ses ducs, qui se trouve dans les Pays de Loire en vertu d'un découpage arbitraire...

D'un point de vue plus théorique et philosophique, il est pertinent de rappeler que Juan Linz, poursuivant en l'espèce la réflexion de Max Weber, et parfois la dépassant, voit dans la forme nationale de l'Etat un frein important à la démocratisation comme à des relations interétatiques harmonieuses, puisque les particularismes de chaque peuple s'invitent inévitablement à la table des négociations. Se faisant, en l'espèce, le défenseur du multiculturalisme, il s'appuie sur des données empiriques pour affirmer la capacité d'une majorité de citoyens à cumuler une multiplicité « d'identités nationales »... ce qui le conduit à remettre en cause l'utilité même des identités nationales. Quoi qu'on pense de cette conclusion, il est indéniable que l'analyse de Juan Linz rejoint celle que nous développons depuis le début de cet ouvrage, et n'en diffère que sur les conclusions à en tirer : nation et multiculturalisme effréné ne sauraient faire bon ménage.

Tout cela conduit Linz à prôner les équilibres instables, via la rechercher de nouvelles formes d'organisation étatiques plus à l'écoute de la demande sociétale du moment. Pour notre part, nous réfutons vigoureusement une telle conclusion, qui aboutirait à ne voir dans le citoyen qu'un simple agrégat économique dépourvu de toute dimension identitaire, car privé de la possibilité de s'appuyer sur ses racines et de les revendiquer. De plus, dans une telle optique, les liens objectifs entre les citoyens d'un même Etat cesseraient d'être « naturel », car fondés sur le partage d'une Histoire, de valeurs, d'us et coutumes et d'un destin commun, pour acquérir une simple dimension contractuelle opportuniste, donc susceptible de varier au fil du temps, de thématiques, voire des orientations momentanées et souvent versatiles de l'opinion publique. Tout ceci est impensable à nos yeux, car la Nation est l'âme de la République, et le lien fort entre les citoyens, est l'essence même de toute dynamique collective, et la raison qui rend légitime les logiques de redistribution, par exemple. Qui défendrait une patrie qui n'aurait plus de dimension identitaire, qui ne serait plus qu'une construction contractuelle au lieu de revêtir une dimension émotionnelle ? On aime son pays parce qu'on se reconnaît dans ce qu'il a d'unique ; c'est pour cela que l'assimilation est la seule logique d'accueil qui respecte, à long terme, à la fois la Nation et les valeurs de la République. L'assimilation est aussi le seul vecteur pour partager ces valeurs avec ceux qui ont fait le choix de rejoindre, entre tous les Etats de la planète, notre territoire national. Si, de loin, la France, son mode de vie et ses valeurs les ont fait rêver, il serait égoïste de ne pas les partager avec eux et de les laisser s'enfermer dans un communautarisme et un déni de notre réalité nationale, contraires à ce qu'ils sont venus chercher.

Ceux qui estiment que la logique d'assimilation consiste à vouloir retirer aux nouveaux arrivants sur notre territoire leur identité oublient, d'une part, que notre premier souci en tant que nation doit être de préserver la nôtre et, d'autre part, sous-estiment la valeur de ce que nous nous proposons de partager avec ceux qui sont prêts à aimer la France, non comme une manne à allocations et subventions diverses et variées, mais comme une mère adoptive bienveillante. Notre culture mérite d'être partagée, comme elle le fût d'ailleurs de tous temps au cours de notre Histoire : jusqu'au début du XXème siècle, par exemple, toutes les Cours d'Europe parlaient français, et toutes les négociations diplomatiques avaient lieu dans la langue de Molière, même quand nous n'en étions pas parties prenantes, parce que la valeur de notre culture et de nos idéaux, si capitaux pour nous définir en tant que nation, étaient reconnus, admirés et enviés de tous. C'est encore largement le cas : force est de constater qu'à force de sombrer dans l'auto-flagellation mémorielle systématique et de faire du patriotisme une valeur suspecte, nos concitoyens son parmi les moins prompts à affirmer leur admiration pour la France et leur fierté, individuelle et collective, d'être Français. C'est pourtant un privilège, et un privilège qui doit être mérité chaque jour par ceux avec qui nous acceptons de le partager.

Dans un monde où les risques objectifs, tout comme les risques ressentis, sont de plus en plus nombreux –songeons en particulier à la menace terroriste et aux mouvements massifs et organisés de populations-, et les identités plus menacées par un paradigme multiculturaliste de plus en plus affirmé, il paraît chaque jour plus indispensable au bien-être psychologique des individus de savoir à quoi ils appartiennent, bref d'être citoyens pour prendre une part active à cette dimension transcendante qu'est la Nation. Ce n'est pas pour rien qu'on trouve parfois le récit de l'Histoire commune désigné sous le terme de roman national : il y a une mystique de la Nation, une dimension émotionnelle que les faits traduisent moins que le récit partagé d'un passé commun, même si ce récit s'avère aussi hagiographique qu'historique. Le mythe fondateur -comme celui de Rémus et Romulus pour Rome, par exemple- peut être un vecteur fondamental de patriotisme, d'identité commune et de fierté partagé ; ceux qui ne partagent pas ce mythe, mais se réfèrent à un autre, n'appartiennent pas à la même nation. La connaissance de l'Histoire, le partage des moments qui la célèbre ou la commémore, sont des vecteurs fondamentaux de l'assimilation, mais aussi de la citoyenneté active. En ce sens, le récent recul de la part réservée, dans les programmes scolaires, à ce qui était traditionnellement désigné par le terme « d'humanités » (latin, grec, Histoire, philosophie), est plus qu'un choix pratique : c'est une lourde faute politique. L'école de la République, comme nous l'avons déjà évoqué, a longtemps joué un rôle salvateur de creuset de l'assimilation, de la citoyenneté et du partage d'une vision commune de la société et de ses aspirations ; elle n'est plus en mesure de le remplir désormais, à cause des choix malencontreux d'une ministre trop peu sensible à notre culture pour mesurer la valeur fondamentale de sa transmission en cette période où l'identité est revêt plus d'importance que jamais face à un monde en mutations incessantes, rarement ressenties comme bienveillantes.

Il ne s'agit pas d'affirmer péremptoirement que cette « tentation identitaire », dénoncée ad nauseam par une large partie de la presse –multiculturaliste par principe, par formation et par corporatisme- est une bonne ou une mauvaise chose : elle est un fait qui, bien géré, admis et accompagné, peut être à l'origine d'un retour du patriotisme et de la fierté d'être Français comme valeurs fondamentales, et d'une société au final plus harmonieuse, car plus consciente de partager une Histoire et un destin commun. Mal gérée, ou pas gérée du tout, cela pourrait faire courir le risque d'un nationalisme à outrance, synonyme de repli sur soi plutôt que de la volonté de faire rayonner nos valeurs, et d'une polarisation toujours plus marquée de l'échiquier politique. Ce dernier constat est illustré par la thématique, elle aussi largement rebattue, d'un « Grand Remplacement » : entre migrations de masse, faible démographie et complaisance vis-à-vis des manifestations de cultures étrangères à la nôtre sur le territoire national, un nombre croissant de Français craint de voir l'identité commune remise en question, et la défend donc, mais souvent avec un manque de nuances et de vision globale plutôt préjudiciable, ne se retrouvant que sur le fait que la France est judéo-chrétienne –c'est le fruit de son Histoire-, et que si elle se dit un jour christo-musulmane, ce sera le fruit de sa lâcheté à dire ses valeurs et son Histoire. A-t-on encore un avenir quand on cesse de pouvoir s'appuyer sur son passé collectif ? Les nationalismes s'exacerbent quand les nations sentent remis en cause leur droit à la continuité historique, ainsi que le XIXème siècle et la première moitié du XXème l'ont largement et dramatiquement illustré.

Au final, la Nation est bel et bien le contraire des utopies qui prônent la fin de l'Histoire –que ce soit des utopies communistes ou celles qui aspirent à la régulation politique et géopolitique par le marché- : elle est l'incarnation et la raison de l'Histoire en mouvement. C'est pourquoi ces utopies, par-delà leurs antagonismes philosophiques fondamentaux, ont toujours souhaité favoriser l'internationalisme, la globalisation, le multiculturalisme, au détriment de la Nation. Certains se plaisent à prophétiser une France plurielle, mais la France se portait bien mieux quand elle était singulière, et revendiquait comme une force cette singularité...

Bibliographie

* « N'est national qui veut »: du bon usage de la « nation » par les historiens, Englund Steven, Dans Revue d'histoire moderne et contemporaine 2006/2 (no 53-2)
* « Une nation start-up ». La créativité israélienne, ressource géo-politique, Tawil Yoël , Dans Ethnologie française 2015/2 (Vol. 45)
* À l'origine de l'idée allemande de nation, Stanguennec André, Dans Revue Française d'Histoire des Idées Politiques 2001/2 (N° 14)
* Anderson (B.), L'imaginaire national, La Découverte, Paris, 2002, nvlle. éd., trad. de l'anglais
* Annales historiques de la Révolution française 2001/2 (n° 324) , Louis Charles Antoine Desaix.. Officier du roi, Général de la République
* Annales historiques de la Révolution française 2007/4 (n° 350), Justice, nation et ordre public
* Après-demain, « L'identité française », numéro spécial, n°4, novembre 2007
* Bazin (L.), Gibb (R.) & Selim (M.) dir., « Identités nationales d'Etat », Journal des anthropologues, numéro hors série, février 2008
* Beaune (C.), Naissance de la nation France, Gallimard, Paris, 1993, rééd., coll. Folio Histoire n° 56
* Benrekassa (G.), « D'Holbach et le problème de la nation représentée », in : Recherches sur Diderot et sur l'Encyclopédie, n° 8, 1990, pp. 79-87
* Bidart (P.) coord., Régions, nations, États. Composition et recomposition de l'espace national, Publisud, Paris, 1991
* Birnbaum (P.) dir., Sociologie des nationalismes, PUF, Paris, 1997
* Braudel (F.), L'identité de la France, Flammarion, Paris, 1990, 3 tomes
* Bredin (J.-D.), Sieyès. La clé de la Révolution française, Éd. de Fallois, Paris, 1988
* Brexit, et après ?, Nathalie Bordeau et David-Xavier Weiss, ed. Bart and Jones, 2016
* Cabanel (P.), La question nationale au XIXe siècle, La Découverte, Paris, 1997, coll. Repères
* Cahiers français, « L'identité nationale », n° 342, janv.-févr. 2008

* Cités 2007/1 (n° 29), La nation : renouvellement ou déclin ?. Identités nationales et réécritures des histoires
* Critique 2005/6 (n° 697-698), Inactualitè du politique. Le citoyen entre nation et Europe
* De Gaulle (Ch.), Discours et messages. Pour l'effort 1962-1965, Plon, Le Livre de Poche, 1970
* De la « nation allemande » au Moyen âge, Mœglin Jean-Marie, Dans Revue Française d'Histoire des Idées Politiques 2001/2 (N° 14)
* Delannoi (G.), Sociologie de la nation. Fondements théoriques et expériences historiques, Armand Colin, Paris, 1999, coll. Cursus
* Dieckhoff (A.), La nation dans tous ses Etats. Les identités nationales en mouvement, Flammarion, Paris, 2000
* Englund (St.), « De l'usage de la Nation par les historiens, et réciproquement », In: Politix, vol. 7, n°26, 2ème trim. 1994, pp. 141-158
* Girardet (R.), Le nationalisme français (anthologie 1871-1914), Le Seuil, Paris, 1983, coll. Points Histoire
* Godechot (J.), Les Constitutions de la France depuis 1789, Garnier-Flammarion, Paris, 1970
* Guibal (G.), Histoire du sentiment national en France pendant la guerre de Cent ans, Sandoz & Fischbacher, Paris, 1875
* Guilhaumou (J.), « Nation, individu et société chez Sieyès », in : Genèses, n° 26, 1997, pp. 4-24
* Guillaume (A.), Lescure (J.-C.) & Michonneau (S.), L'Europe des nationalismes aux nations (Italie, Espagne, Iralnde), Sedes, Paris, 1996
* Haut conseil à l'intégration, Faire connaître les valeurs de la République, Paris, avril 2009
* Histoire de l'éducation 2010/2 (n° 126), Ecole, histoire et nation
* Hobsbawn (E. J.), Nations et nationalisme depuis 1780 : programme, mythe, réalité, Gallimard, Paris, 1992
* Israël ou la question de l'État-nation, Halévi Ran, Dans Le Débat 2004/1 (n° 128)
* Koulitchenko (M.), Comment fut résolue la question des nationalités en U.R.S.S., Agence Novosti, Moscou, 1974
* L'Italie. Un État sans nation ?. Géopolitique d'une identité nationale incertaine (ERES, 2007), dans Bibliothèque géopolitique , Graziano Manlio

- La constellation des appartenances. Nationalisme, libéralisme et pluralisme (Presses de Sciences Po (P.F.N.S.P.), 2004), dans Académique, Sous la direction de Delannoi Gil
- La France mérite mieux, Nathalie Bordeau et Daxid-Xavier Weiss, ed. Bart and Jones, 2017
- La Grande Nation à l'épreuve des grandes nations lors de l'expansion napoléonienne, Couzin Thierry, Dans Napoleonica. La Revue 2011/3 (N° 12)
- La question nationale au XIXe siècle (La Découverte, 2015), dans Repères, Cabanel Patrick
- Lacoste (Y.), Vive la nation. Destin d'une idée géopolitique, Fayard, Paris, 1998
- Le crime de lèse-nation. Histoire d'une invention juridique et politique (1789-1791) (Presses de Sciences Po (P.F.N.S.P.), 2016), dans Académique, Gaven Jean-Christophe
- Le héros de guerre, le militaire et la nation, Hocquellet Richard et Michonneau Stéphane, Dans Mélanges de la Casa de Velázquez 2008/1 (Tome 38)
- Les cahiers de médiologie 1997/1 (N° 3), Anciennes nations, nouveaux réseaux
- Les États-nations de l'espace eurasiatique issus d'empires, de cités-États, d'États-mandala : que doivent-ils au modèle européen occidental ?, Bruneau Michel, Dans L'Espace géographique 2014/3 (Tome 43)
- Les temples à « Mère Inde » : créer le mythe de la nation, Claveyrolas Mathieu, Dans Journal des anthropologues 2007/5 (Hors série)
- L'idée de nation d'un point de vue cosmopolitique, Guenancia Pierre, Dans Esprit 2008/6 (Juin)
- Marienstras (Él.), Les mythes fondateurs de la nation américaine, Éd. Complexe, Bruxelles, 1992, nvlle éd., coll. Historiques n° 78
- Mattioli (M.-A.), « L'identité nationale » à l'épreuve des identités culturelles en Allemagne, en France, au Royaume-Uni, L'Harmattan, Paris, 2013
- Mélanges de la Casa de Velázquez 2012/2 (Tome 42), Género, sexo y nación: representaciones y prácticas políticas en España (siglos XIX-XX)?
- Monnier (R.) dir., Citoyen et citoyenneté sous la Révolution française. Actes du colloque international de Vizille des 24

et 25 septembre 2004, Société des Études Robespierristes, Paris, 2006
- Outre-Terre, 2005/3 (no 12), Enseigner la nation
- Parti communiste français, Le Parti communiste et les traditions du peuple français, Section nationale d'éducation du PCF, Paris, 1937, Sixième leçon de l'école élémentaire du PCF
- Philippe DARRIULAT, Les patriotes. La gauche républicaine et la nation 1830-1870, Crépin Annie, Dans Revue d'histoire du XIXe siècle 2002/1 (n° 24)
- Politique et éthique : regards croisés (coll., dir. Nathalie Bordeau et David-Xavier Weiss), ed. Bart and Jones, 2015
- Politique étrangère 2014/1 (Printemps), 1914-2014. La Grande Guerre et le monde de demain
- Qu'est-ce qu'une nation ? 1882-2015, (Lentus in umbra. — XVI), Delannoi Gil, Dans Commentaire 2016/2 (Numéro 154)
- Raison présente, « L'idée de nation dans le monde contemporain », n° 159, juil.-sept. 2006
- Raisons politiques 2006/4 (no 24), Les pères fondateurs refoulés
- Raisons politiques 2010/1 (n° 37), Nationalismes ordinaires
- Revue internationale de politique comparée 2006/1 (Vol. 13), La politique comparée selon Juan J. Linz
- Revue internationale des sciences sociales 2007/2 (n° 192), Dilemmes pour la construction de nations
- Revue internationale et stratégique 2016/2 (N° 102), État, nation, mondialisation
- Robert Burns, héros de la nation écossaise, fondateur de son identité collective, Boudrot Pierre, Dans Hypothèses 2002/1 (5)
- Romier (L.), Nation et civilisation, Simon Kra, Paris, 1926, coll. Les documentaires
- Roussellier (N.), « Déconstruire l'État-nation. Travaux et discussions », in : Vingtième siècle, n° 50, avril-juin 1996, pp. 13-22
- Saint-Just (L. A. L. de), Esprit de la Révolution et de la Constitution de France, 1791
- Savoir/Agir 2007/2 (n° 2), Identité(s) nationale(s) : le retour des politiques de l'identité ?

- Schnapper (D.), La communauté des citoyens. Sur l'idée moderne de nation, Gallimard, Paris, 1994, coll. Nrf essais
- Secrétariat Général de la Défense Nationale, L'État-nation et son avenir, La documentation Française, Paris, 1995
- Sepinwall (Al. G.), L'Abbé Grégoire et la révolution française. Les origines de l'universalisme moderne, Les Perséides, Bécherel, 2008, trad. de l'anglais (US)
- Théories du multiculturalisme. Un parcours entre philosophie et sciences sociales (La Découverte, 2009), dans TAP/Bibliothèque du MAUSS, Fistetti Francesco
- Thibaud (P.), « Nation et Europe au XXe siècle : de la sacralisation négative à la sécularisation positive » ; in : Politique étrangère, 65ème année, n° 3/4-2000, pp. 703-716
- Tréanton (J.-R.), « Genèse de la nation, naissance du citoyen », in : Revue française de sociologie, n° XXXVI-3, 1995, pp. 551-558
- Vuillemin (L.), Manuel de Préparation Militaire Elémentaire, Charles-Lavauzelle et Cie, Paris, 1938, 56ème éd.
- XIVe et XVe siècles, crises et genèses. (Presses Universitaires de France, 1996), dans Peuples et civilisations, Sous la direction de Beaune Colette

www.ingramcontent.com/pod-product-compliance
Lightning Source LLC
Chambersburg PA
CBHW052050150726
48002CB00002B/821